KB045488

손해의 경제학

마이너스를 통해
플러스를 얻다

손해의 경제학

서정락 지음

21세기북스

버리면 행복해진다

서정락 회장님은 추천자가 2012년에 서울대학교 경영대학에서 운영하는 최고경영자과정 부주임으로 일하면서 인연을 맺게 되었습니다. 당시 동기 모임 회장으로 일하시면서 동기 원우들을 위해 열정적으로 일하시고 도움을 주시던 모습이 눈에 선합니다. 서정락 회장님과 부부 동반으로 서로 집을 방문하면서 식사도 하고 이야기를 나누면서, "이 분은 도가 통한 분이구나"라는 생각을 했습니다.

이 책에 대한 추천사를 써달라는 부탁을 받고 큰 기대를 하지 않고 짧게 추천사를 쓰려고 하였으나 원고를 읽다 보니 공감할 수 있는 부분이 많았고, 평소에 저에게 말씀해주시지 않았던 말씀이 많아 한달음에 읽고 그 감동이 식기 전에 원래 생각했던 것보다 길게 추천사를 씁니다.

이 책은 서정락 회장님께서 젊은 나이에 창업을 하여 기업을 성공시키는 과정에서 터득한 삶의 지혜를 정리한 것이라고 생각됩니다. 자신이 경험한 구체적인 일들을 설명하고 이로부터 터득한 지혜를 읽기 쉽고 재미있게 기술했습니다.

그런데 상당 부분이 학술적으로 검증된 내용이어서, 연구하지 않고도 그런 지혜를 얻으신 것이 정말 놀랍습니다. 예를 들어 "손해를 보면 오히려 더 큰 이익으로 돌아올 수 있다"는 이 책의 핵심 주제는 사회적 자본이나 신뢰에 관한 연구에서 "얻으려면 먼저 주어라"라는 연구 결론과 매우 유사합니다. '방하착'에서 주장하신 "욕심을 버리면 행복해진다"는 것도 심리학의 만족이나 행복에 대한 연구에서 현실이 기대에 못 미치는 정도가 클수록 불만족이 높아지고 불행하다고 생각하는 경향이 높아진다는 결론과 일맥상통합니다.

이 책을 읽으면서 서정락 회장님이 "도가 통한 분이구나"라는 생각을 새삼 다시 하게 되었습니다. 마음가짐이 가장 중요하다는 주장은 원효대사께서 말씀하신 '일체유심조一切唯心造'와 같은 말이고, 모든 일에는 양과 음이 있으니 밝은 면은 긍정적으로 보면 삶이 행복해진다는 주장은 주역의 원리와 심리학에서 말하는 '프레이밍Framing'과 유사합니다.

이 책을 읽으면서 저도 많은 감명을 받았고, 저 스스로의 부족한 점을 많이 깨닫게 되었습니다. "이 책을 예전에 읽었으면 더 잘할 수 있었을 텐데"라는 생각도 했지만, 동시에 오늘 읽은 것도 너무 늦은 것은 아니라는 생각을 했습니다.

이 책은 어려서부터 농사를 지어야 했고, 스스로 돈을 벌어가면서 대학을 다닌 서정락 회장께서 온갖 어려움을 극복하고, 긍정적으로 사고하고, 손해를 보더라도 주변 사람들에게 베풀면서 사업을 성공시킨 과정에서 깨달은 지혜를 재미있게 풀어낸 책입니다. 저의 아들과 딸들에게, 그리고 겸손과 사회적 기여를 중시해야 하는 서울대학교 경영대학의 학생들에게 읽히고자 합니다.

청년들이 일자리를 찾기도 어렵고, 중년에 회사를 그만 두고 새로운 일자리를 찾기 어려운 시절입니다. 온갖 어려움에 처해 자신을 비하하고, 세상을 원망하는 모든 분들께 이 책을 읽어 보시기를 적극 추천합니다. 꿈과 희망을 안고, 밝은 내일을 만들어가는 용기와 지혜를 줄 것이기 때문입니다.

서울대학교 경영전문대학원 영원무역 석학교수
이경묵

추천의 말 2

살아 숨 쉬는 경영의 지혜

국경 없는 무한경쟁! 이 소리만 들어도 가슴이 울렁거리고 숨결이 거칠어진다는 사람들이 있습니다. 인류는 지난 20여 년간 역사상 가장 격심한 경쟁을 하며 살아왔습니다.

소비에트 연방이 해체되고 동구권 국가들이 부도나는 것을 보면서 경쟁과 시장원리가 가진 강점을 지나치게 맹신한 거지요. 국가도, 기업도, 병원도, 학교도, 개인도 경쟁과 성과, 그것에 따른 평가와 차등보상을 하며 숨 가쁘게 살아왔습니다. 치열하게 경쟁을 하니 기술혁신이 되고 엄청난 부를 쌓게 되고, 거기에 따른 물질적 풍요와 생활의 편이성이 높아진 것은 분명 성과겠지요. 그 지긋지긋한 가난과 헤어지게 되고 생활개선과 질병관리를 통해 수명도 획기적으로 늘어났습니다.

그러나 경쟁을 기반으로 한 성과창출은 초기에는 큰 성과를 내지만, 시간이 지남에 따라 스트레스가 쌓이고 시기하고 헐뜯고 팀워크도 깨지면서 마침내는 인간성마저 피폐해지게 됩니다.

요즘 자본주의 4.0, 경제민주화, 동반성장, 상생, CSR, CSV 용어가 대두되는 것은 바로 무한경쟁의 끝자락에서 나온 반성과 성찰의 결과물이라고 생각합니다. 인류는 지금 무한경쟁을 기반으로 한 신자유주의 물결에서 협업상생을 기반으로 한 신인본주의로 대전환을 하고 있습니다.

저는 직업상 경영학, 경제학, 심리학, 사회학, 미래학 등을 공부하면서 이런 현상을 뼈저리게 느끼고 있습니다. 이런 시점에 저자 서정락 회장님의 『손해의 경제학』 원고를 보면서 몇 번씩 무릎을 쳤습니다. 복잡한 이론을 따질 것도 없이 "스스로 마음을 갈고 닦아 힘든 밑바닥부터 몸으로 체험하면서 하나씩 체득한 살아 있는 신인본주의 경영학이 여기에 있구나!" 했습니다. 제가 이 책을 읽은 소감은 바로 이런 감탄과 감동이었습니다.

또 한 가지 감동한 것은 그 험난한 무한경쟁의 시대를, 머리를 쓰는 경영이 아니라 마음을 쓰는 경영을 해왔다는 점입니다. 머리는 이성적인 것이지요. 당연히 이해관계를 세세하게 따지게 됩니다. 경영전략도, 의사결정도 합리추구가 기본이지요. 그러나 마음은 이성을 넘어 인간의 본성인 선과 덕, 그리고 사랑과 감사를 느끼고 나눌 수 있게 하는 겁니다.

회사 직원도 거래처 사람들도 모두 인간입니다. 인간을 움직이는 궁극적인 힘은 머리에서 나오는 게 아니라 마음에서 나온다는 것을 깨닫고, 마음을 갈고 닦으며 이를 실천해온 서정락 회장님이야말로 존경할 만한 기업인이라고 하지 않을 수 없습니다. 서 회장님과는 연세대 MBA동문으로서 동창회 일을 함께하면서 마음의 교류를 할 수 있었습니다. 늘 겸손한 자세로 배우고, 나누고, 봉사하는 모습이 아름다운 분입니다.

이 책을 무한경쟁으로 인해 머리 아픈 경영자, 그리고 마음 아픈 경영자들이 읽어보시기를 권유합니다. 또한 수많은 젊은 창업자들이 읽어보시면 어떠한 사업계획서나 경영전략 보고서보다 몇 백 배의 지혜를 얻을 수 있을 것으로 확신하며 추천합니다.

(사)한국협업진흥협회 회장
윤은기

성공?
'손해'를 '기회'로 만드는
긍정의 마음

'손해의 경제학'이라는 제목을 붙인 이 글은 학술적인 내용이 아닙니다. 이름값 하려거나 의무감으로 쓴 책은 더더욱 아닙니다. 사회로부터 인정받고, 사회에서 성공하는 방법을 고민했고, 그 고민 끝에 얻은 답을 한 경영자로서 후배들에게 이야기하고 싶었습니다. 그 결과, 경영과 인간관계에서 일순간의 '손해'는 결국 성공을 위한 에너지를 재창출한다는 경험적 결론에 도달하게 되었습니다.

제가 주변으로부터 제일 많이 듣는 소리는 "왜 그렇게 손해 보면서 사나요?"입니다. 지인들끼리 만나서 밥값을 계산할 때나, 친목 모임을 이끌 때, 심지어 사업을 수주할 때에도 그 소리를 들었습니다. 약게 살 수도 있는데, 늘 먼저 마음을 내보여 손해를 본다는 뜻입니다. 대가代價나 보상을 생각하지 않는 평소 행동이 상대의 눈에는 바보처럼 보인 모양입니다.

생각해보니, 그런 소리를 들을 만도 합니다. 사람들이 모이면 누가 계산하기 전에 먼저 계산서를 들었고, 누군가가 힘들다고 하면 기꺼이 지갑을 열었습니다. 사업을 진행하기 전 견적을 낼 때도, 많은 사람들이 한다는 인건비 부풀리기 같은 건 하지 않았습니다.

저도 계산할 줄 압니다. 그러나 그렇게 하지 않는 것은 상대에게 진정으로 다가가기 위해서였습니다. **돈보다는 일, 일보다는 인간관계가 중요하다고 생각했습니다.** 그러다 보니 금전적인 '재미'를 보지 못하기도 하고, 마음의 상처를 받은 경우도 있지만, 결과는 오히려 좋았습니다.

제 경험에 의하면, '손해 보는 결정'이 그렇게 나쁘지 않았습니다. 오히려 손해를 볼수록 좋은 일들이 생겼습니다. 사람들과 관계가 좋아지고, 모임이 잘 돌아가며, 회사도 계속 성장 중입니다. 혹자는 "손해를 보는데 계속 성장하고 있다고?" "말도 안 되는 소리 하지 말라"고 말할 수도 있습니다. 그러나 사실입니다.

손해 보는 만큼 성장합니다! 언뜻 보아서는 앞뒤가 안 맞는 말 같습니다. '상대의 주머니에 있는 것을 내 것으로 만드는 것' '상대를 고개 숙이도록 만드는 것'을 경제 방정식이라고 생각하는 사람들이 많겠지만, 눈앞에 보이는 이익이나 자존심보다 중요한 것이 있습니다. 그건 인간관계입니다.

사람들은 작은 손해에도 분노하고, 어떻게 해서든 본전이라도 찾으려고 합니다. 설사 철두철미하게 관리해서 손해 보지 않고 살고 있다고 해도 결과적으로 반드시 득이 되는 것도 아닙니다. 저는 손해를 극단적으로 싫어하는 사람들에게 묻고 싶습니다.

"그렇게 살아서 행복합니까?"

적어도 제 기준에서는 절대 행복할 수 없었습니다. 잠시 기분 좋을 수는 있지만 지속적인 즐거움을 가져다주지는 않았습니다. 오히려 인간관계를 잃어서 마음이 허전해지고, 본전이라도 찾으려고 허비한 시간 때문에 큰 기회를 놓칠 수 있습니다. 세상은 생각하는 것보다 훨씬 오묘합니다.

손해를 보더라도 너그럽게 넘어가고, 그 에너지를 조금 더 의미 있는 곳에 쏟아보세요. '그래, 이 맛에 살지.' 이런 마음이 생기는 것은 물론이고, 상상하지 못한 결과를 얻게 될 것입니다. 당장의 손해가 결국은 손해가 아닐 수 있습니다. 그 손해가 성공을 이루는 큰 에너지로 바뀔 수 있습니다. 그래서 '손해의 경제학'입니다.

손해로부터 성공을 이루어내는 손해의 경제학을 만나다

이 책은 부를 쌓는 이야기가 될 수도 있지만, 인생의 이야기가 될 수도 있습니다. 지난 시간을 돌아보면 지금도 스스로 잘했다고 생각하는 게 한 가지 있습니다. 그건 서른둘 젊은 나이에 정년이 보장된 직장을 과감히 그만두고 사업을 시작한 일입니다. 주변에선 모두 "다른 사람은 들어오려고 난리인데, 정신 나갔다"고 했습니다. 사업은 아무나 하냐는 핀잔도 들었습니다. 그러나 그런 말은 제게 아무 의미도 없었습니다.

어떤 계산을 하고 내린 결정이 아니었습니다. 제 마음속 열정이 가리키는 길로 갔을 뿐입니다. 미친 듯이 일하고, 풍선처럼 부가 가치를 키우고 싶었던 저에게 직장은 무료한 공간일 뿐이었습니다. 회사를 나올 때 보장된 것은 하나도 없었습니다. 당장 시작할 사업 아이템도 없었고, 돈도 인맥도 저와는 너무 먼 이야기였습니다. 그저 '무엇이든 열심히 일하면 되겠지' 싶은 마음만 가지고 있었습니다.

득이 될 게 없는 게임, 손해 보는 결정. 그러나 결과는 달랐습니다. 남들 눈에는 절대적으로 손해 보는 결정이 무한한 기회를 제공했고, 저를 흥미진진한 사업의 세계로 이끌었습니다. 돈을 벌 수 있는 '기회'와 일하는 '재미'를 동시에 알려주었습니다. 기회와 재미, 두 가지가 있으니 어떻겠습니까? 저는 사업을 시작한 이후 줄곧 성장했고, 회사는 국내 HR 아웃소싱 분야에서 일가를 이루었습니다. 손해의 결정이 에너지를 얻어 시너지 효과를 발휘하여 승리를 거둔 것입니다.

우리가 '손해'라고 생각하는 것들은 대체로 '자존심'과 '금전적인 계산'을 거친 후 내린 결론입니다. 그러나 삶의 계산법은 단순히 숫자로만 이루어지지 않습니다. 숫자 이상의 가치나 지혜가 포함돼 있습니다. 돈에 연연할 때보다 일을 사랑했을 때 좋은 사람과의 인연이 생기거나 더 많은 돈이 들어오는 것도 그런 이유 때문입니다.

많은 사람들이 자존심이나 이익을 앞세우고 살아갑니다. 하지만 눈앞의 이익은 순간이고, 돈은 그저 돈일 뿐입니다. 그것은 삶을 조금 더 편하게 해주는 매개체일 뿐, 행복 그 자체는 아닙니다.

그럼에도 불구하고 많은 사람들이 자존심이나 돈이 모든 것을 가져다줄 것이라고 생각합니다. 불행은 여기에서 시작됩니다. 자존심이나 돈에 집착하다 보면 갈등을 불러오고 기회를 놓칩니다. 사람을 잃고, 건강을 잃습니다. 고통스런 인생을 살아가게 됩니다. 적어도 불필요한 자존심이나 돈에 집착하다가 불행해지는 인생은 살지 말아야 합니다. 한 번쯤 인생에서 진짜 중요한 게 무엇인지 생각하고, 손해를 보더라도 그 길로 걸어가야 합니다.

성공이 간절한 당신에게

손해 보며 살라고 해서, 열정을 줄이라는 이야기도, 성공에 대한 도전을 멈추라는 이야기도 아닙니다. 오히려 진정으로 열심히 일하라는 이야기입니다. 지금 입는 손해가 기회가 될 수 있다는 이야기입니다. 중요한 것은 '마음'입니다. 지금 닥친 어려움을 약게 살지 못해서 얻은 손해로 받아들이면 '고생'으로 끝이 나지만, 잘 요리하면 근사한 경력으로 탈바꿈시킬 수 있습니다.

제가 그랬습니다. 저 역시 사업하는 과정에서 어려운 순간도 많았습니다. 유동성 위기가 목을 조여오기도 했고, 예기치 못한 사고로 회사의 존폐를 걱정한 적도 있었습니다. 그러나 '이 시련이 지나면 분명히 기회는 온다'는 믿음을 버리지 않았고, 정말로 기회가 왔습니다. 그래서 저는 감히 저의 사업을 '계속 성장'이라고 표현합니다.

계속 성장이라고 해서 대기업처럼 규모를 키웠다는 이야기가 아닙니다. 마음가짐을 달리해서 받아들이다 보니 저에게 벌어진 일이 모두 감사하다는 의미입니다. 어떻게 어려움 없는 성공이 있을 수 있겠습니까? 손해 보는 과정 없이 어떻게 기회를 얻겠습니까? 모든 게 마음의 문제입니다.

요컨대, 성공을 위해 가장 중요한 것은 마음입니다. 저는 모든 성공한 사람들에게는 손해를 통해 성장하는 과정이 있었다고 생각합니다. 저는 손해를 '긍정'으로 바꾸는 마음의 자세를 일곱 가지로 정리했습니다. '세심' '자아' '동료애' '열린 사고' '리더십' '의지' '마음 관리'가 그것입니다. 모두 마음에 관한 내용이고, 모두 손해 보는 이야기들입니다. 간혹 주관적인 이야기도 있을 수 있지만, 누군가에게 꼭 해주고 싶은 이야기들입니다.

최근 들어 많은 사람들이 사는 게 힘들다고 말합니다. 앞이 안 보인다고 말합니다. 그러나 아마존 밀림 속에서 길을 잃어도 빠져나갈 길은 반드시 있기 마련입니다. 이 글이 희망을 찾는 분들에게 작은 등불이 되기를 원합니다.

2014년 늦가을
서정락

CONTENTS

추천의 말1 버리면 행복해진다 … 4
추천의 말2 살아 숨 쉬는 경영의 지혜 … 7
프롤로그 성공? '손해'를 '기회'로 만드는 긍정의 마음 … 10

1 | 손해의 경제학 | 마이너스를 통해 플러스를 얻다

초월超越 – 구름 위를 걷는 사람 … 24
방하착放下著 – 욕심을 버리는 것은 손해가 아니다! … 28
시기심猜忌心 – 잘못 쓰면 독, 잘 쓰면 약 … 33
초기 대응初期對應 – 최선의 손해 관리 … 39
양보讓步 – 손해 보지 않으면서 더불어 사는 법 … 44
평화平和 – 시련은 손해가 아니다! … 49
자세姿勢 – 손해를 극복하는 자세, '낙엽처럼 낮게' … 54
시선視線 – 손해를 초월하는 마음가짐 … 59

2 | 세심 | 세상을 살리는 위대한 마음

용기勇氣 – 내 인생의 키워드 … 66
두 번째 기회 – 작은 배려가 만드는 큰 찬스 … 72
관찰觀察 – 등잔 밑을 밝혀라! … 77
선택選擇 – 기다리지 말고 스스로 선택하라 … 81
순서順序 – 복잡한 문제를 푸는 열쇠 … 85
계획計劃 – 타인에게 인정받고 스스로 행복해지는 길 … 89

3 | 자아 | 지금 깨어 있습니까?

질문質問 – 인생을 바꾸는 위대한 질문 … 96
자각自覺 – 잠자는 자신을 깨워라! … 100
결핍缺乏 – 인생을 바꾸는 '빛나는 자원' … 105
명상瞑想 – 자신이 누구인지 알고 있나요? … 109

4 | 동료애 | 나만큼 중요한 당신이 있기에!

사회적 자본 – 일은 1등, 인간관계는 특등 … 116
말의 무게 – 세상일은 말보다 마음 … 122
배려配慮 – 인생은 마음가짐으로 결정된다! … 127
선입견先入見 – 이것만 없어도 얼마나 행복해질까? … 133
경청傾聽 – 상대의 목소리를 기억하는가? … 140
사과謝過 – 상대가 납득할 때까지 … 145
호감好感 – 적극적인 당신을 응원합니다 … 150

5 | 열린 사고 | 이 시대가 원하는 인재상

하이브리드 – 시대가 원하는 통섭형 인재 … 156
보고報告 – 침묵은 미덕이 아니다! … 160
비전vision – 진짜 인생을 만들어야지 … 164
자발성自發性 – 하거나 혹은 하지 않거나 … 168
책임責任 – 이것만 있다면, 무엇이 문제인가? … 172
포지션position – 지금 당신이 서 있는 바로 그곳 … 179
성공의 조건 – 자기효능감, 계획, 마음 … 184

6 | 리더십 | 때로는 강하게, 때로는 부드럽게

정면 돌파正面突破 – 판단력과 추진력을 무기 삼아 앞으로 진격! … 192
고요 속의 외침 – '의사소통'은 명확하게 … 197
지혜智慧 – 지식보다 중요한 삶의 도구 … 202
보완補完 – 우리는 서로 함께할 수 있어 행복합니다! …208
꿈의 대화 – 돈 드는 일도 아닌데 크게 꾸시죠! … 214

7 | 의지 | 많은 사람이 말하지만 참 찾아보기 힘든 태도

몰입沒入 – 누구나 인정하는 '1만 시간의 법칙' … 222
일체유심조一切唯心造 – 모든 일은 마음먹기에 달려 있다 … 229
최선最善 – 정상에 오르는 유일한 방법 … 235
목적目的 – 일하는 이유를 알고 있는가? … 240
멋진 인생 – 인생? 마음먹기에 달려 있다 … 245
숙고熟考 – 내 안에 답 있다 … 250
의견意見 – 나만의 생각을 가져라 … 255
부정의 부정 – 안 될 거란 생각? 지금 바로 날려버려! … 260
감동感動 – 모든 순간이 소중하다! … 264

8 | 마음 관리 | 살아야 하는 이유를 찾는 마음

상처傷處 – 몸보다 마음이 더 아프다 … 270
긍정肯定 – 힘드시죠? 웃어야지요 … 275
유산遺産 – 영혼의 상처는 물려주지 말라 … 280
타협妥協 – 쉽게 살다 보면 인생도 쉬워진다 … 285
사랑 – 따뜻한 말 한마디가 인생을 바꾼다 … 290
山에서 – 자녀에게 하고 싶은 이야기가 있을 때 … 294

에필로그 자기효능감, 간절함, 가치…… 내 인생의 키워드 … 300

1

손해의 경제학

마이너스를

통해

플러스를 얻다

초월 超越

구름 위를 걷는 사람

오전 출장길에 라디오를 켰다. 초등학교 1학년 아들을 둔 어느 학부모의 사연이 나온다.

소풍날이었습니다. 아들과 함께 집을 나섰지요. 소풍 장소에 도착하자, 아들의 친구가 찾아와 인사를 했습니다. 그런데 그 아이는 제 아들이 얼마 전 학교에서 잃어버렸다는 운동화와 똑같은 걸 신고 있더군요. 그 아이는 가정 형편이 좋지 않아 학부모들 사이에서 '그 아이와 어울리게 해서는 안 된다'는 말이 공공연히 나오고 있었습니다. 전 마음이 무거웠습니다. 그 아이가 돌아간 뒤 아들에게 물었습니다.

"저 운동화 네가 잃어버린 것과 똑같은데 혹시 네 거니?"

그러자 아들이 이렇게 말하더군요.

"맞아. 친구가 운동화가 없어서 내가 선물했어. 엄마에게는 잃어버렸다고 했어. 미안해!"

전 아들의 친구를 배려하는 마음과 잠시나마 그 아이를 의심했다는 미안함에 눈물을 흘렸습니다.

이런 사연을 접할 때마다 반성하게 된다. 어른들보다 아이들이 더 훌륭하다는 생각도 하게 된다. 우리는 언제부턴가 더불어 사는 마음을 잃어버리기 시작했다. 형편이 힘든 이웃을 한 번 더 생각하는 마음. 예전에는 참 당연하게 여기던 삶의 자세였는데 언젠가부터 사라지고 말았다. 인생에 도움이 안 될 것 같은 사람과는 아예 일면식도 두지 않으려 한다. 이게 지금 우리 어른들의 모습이다.

계산 잘하고, 냉정하며, 자기 밥그릇 잘 챙기는 사람들이 성공할 것 같지만, 실제로는 그렇지 않다. 성공할 수도 있겠지만, 그건 '개인의 성공'에 한정될 가능성이 크다. 세상에 이름을 남긴 인물들은 대체로 희생과 배려를 통해 '넓은 세계'를 만든 사람들이다. 진짜 성공을 원한다면 이 사실을 잊어서는 안 된다.

희생과 배려를 통해 미래를 연 사람들은 분야를 가리지 않고 곳곳에 존재한다. 바르셀로나를 생태도시로 디자인한 가우디, 환경운동가의 삶의 살고 있는 앨 고어 전 미국 부통령, 전 재산 기부를 시작한 세계 최고 부자 빌 게이츠 같은 사람들을 단순히 건축가, 정치가, 경영자로 부르지 않는다. 우리는 이들을 인류의 미래를 생각하는 사람들이라 부른다.

이런 유명인이 아니더라도, 우리 주변에는 넓은 마음으로 이웃을 생각하며 살아가는 사람들이 많다. 누구라는 말도 없이 전 재산을 사회에 기부하는 사람, 죽음을 앞두고 장기를 기증하는 사람, 바쁜 시간을 쪼개서 봉사에 나서는 사람, 눈물겹도록 아름다운 사람들이 참 많다. 자기 잇속 먼저 챙기는 사람들이 많다 보니, 간혹 손해를 보더라도 상대를 이해하려고 노력하는 사람들을 만나면 그렇게 기분이 좋을 수가 없다. 나는 이런 사람들을 '구름 위를 걷는 사람'이라고 표현한다. 삶이 새털처럼 가볍고 경쾌하다는 의미이다. 손해를 보더라도 자신을 희생하며 살아가는 구름 위를 걷는 사람들이 탁한 세상을 정화시킨다고 생각한다.

우리는 진짜 중요한 것은 잊고 사는 것 같다. 산소를 만들어내는 숲, 생명을 만들어내는 물, 세상을 볼 수 있게 해주는 태양 등 정말 돈으로 가치를 매길 수 없을 정도로 소중한 것들에는 오히려 고마움을 표할 줄 모른다. 늘 감사하는 마음으로 살아야 하고, 감사한 존재가 되도록 노력해야 한다. 세상은 저절로 돌아가는 것 같지만, 사실 수많은 사람들의 희생으로 돌아간다. 다들 자기 이익만 챙기고 있다면, 그 사회는 존재할 수 없다. 우리 사회가 이렇게라도 유지되고 있는 것은 누군가 어딘가에서 공공을 위해 자신을 희생하고 있어서다. 우리 곁에는 산소 같은 사람들, 빛 같은 사람들이 있다는 사실을 잊어서는 안 된다. 무슨 일을 하건 일을 할 때도 수치적인 성과 이외에 '사업의 가치'를 생각해야 한다. 간혹 개인이나 기업에 이득이 되지만 공공에는 피해를 줄 수 있는 사업도 있다. 사업하는 입장에서는 고민이 된다. 그 결정 하나가 만든 결과는 상이하기 때문이다. 그럴 때 구분이 된다. 구름 위를 걷고 싶은 경영자인지, 계속 땅 위에 있고 싶은 장사치인지. 어차피 한 번 사는 인생이다. **이왕이면 사회를 위해 선한 영향력을 발휘하는 일에 가치를 두고 일하는 사람이 되고 싶지 않은가!**

성공한 인생이 별것이겠는가? 개인의 기쁨보다 다수의 기쁨, 순간의 기쁨보다 미래의 더 큰 기쁨을 보며 살아가는 인생이 바로 성공한 인생 아니겠는가.

돈! 이것 외에도 중요한 것들은 너무나 많다. 좀 초월해서 살아보자. 누군가에게, 그게 단 한 사람일지라도 감동인 인생을 만들어보자. 구름 위를 걷듯이 경쾌하게.

방하착 放下著

욕심을 버리는 것은 손해가 아니다!

나는 '방하착放下著'이라는 말을 참 좋아한다. 방하착은 불가에서 나온 말이다. '내려놓아라!'는 의미이고, '외부 잡념을 끊어야 수행에 전념할 수 있다'는 속뜻을 가지고 있다. 나는 인생을 늘 '방하착 하는 과정'이라고 생각한다.

욕심, 집착, 악몽, 상처 등 내려놓을 것은 많다. 이런 것들을 내려놓아야 비로소 마음이 편안해지고 평화를 얻을 수 있다. 반대로, 지금 마음이 불안하다면 무엇인가에 집착하고 있는 것이다. 불필요한 걱정을 하는 것도 욕심이다. 과거에 얽매이거나 다가올 미래를 미리 걱정해봐야 마음만 괴로울 뿐이다.

삶이 힘들 때, 옆에서 누가 "내려놔!"라고 말하면, 내 마음을 정말 몰라주는 것 같아서 서운하다. 시간이 지나면 그게 정말 맞는 말이라는 사실을 알게 된다. 하지만 불행하게도 많은 사람들은 '집착하고 있는 것을 내려놓기 전에는 아무것도 얻을 수 없다'는 사실을 쉽게 인정하려 하지 않는다.

사업에서는 이런 일이 많이 벌어진다. 잘되던 사업이 점점 어려워질 때가 있다. 노력은 이전보다 더 하는데 수익률이 점점 줄어들 때에는 구조적인 문제일 때가 많다. 그럴 때는 '획기적인 전환'이 필요하다. 구조적인 문제로 사업이 어려워졌을 때에는 기존 사업 분야를 대폭 줄이고 신규 사업을 시작해야 한다. '다시 회복할 수 있다'는 생각으로 사업을 계속 유지하다가는 회복할 수 없는 결과를 맞이할 수도 있다. 마지막 끈이라도 잡고 싶은 마음이야 모르는 바가 아니지만, 집착으로 얻을 수 있는 것은 없다. 내려놓아야 한다.

과거의 영화에 얽매여서는 미래를 가질 수 없다. '과거를 버려야 미래가 온다'는 사실을 받아들여야 한다. 과거는 과거대로 유지하면서 새로운 것을 얻으려 해서는 안 된다. 과거도 놓치기 싫고, 미래도 얻고 싶은 것은 욕심이다. 스스로 욕심에 지배당해 진실을 보지 못하고, 마음의 문을 열지 못해 새로운 기회를 만나지 못한다. 그래서 불행하다.

따지고 보면 행복이 무엇인가? 마음이 평온해진 상태 아닌가? 마음이 평온해지려면 필요 이상으로 가지고 있는 욕심을 버려야 한다.

성취와 풍요를 통해 얻는 행복이 10이라면, 마음을 비워서 얻는 행복은 100보다 더 크다. 종교인의 얼굴이 경제적으로 넉넉한 사람 이나 권력을 가진 사람보다 평화로워 보이는 이유도 여기에 있다.

〈나는 자연인이다〉라는 TV 프로그램이 있다. 많은 것을 가졌다가 잃었거나, 혹은 스스로 가진 것을 버리고 자연 속에서 사는 사람들의 이야기이다. 그들은 한목소리로 '큰 재산을 잃을 당시에는 감당하지 못할 정도로 상실감이 컸지만, 현실을 받아들이는 순간 고통이 사라졌다'고 말한다. 그들은 부와 권력, 가족과 친구를 잃고 사람의 발길이 닿기 힘든 산속에서 산다. 그곳은 휴대폰 수신이 안 되는 곳일 뿐더러, 외부로부터 전기도 물도 들어오지 않는다. 밤에는 촛불에 의지하고 계곡물과 산나물로 생활한다. 그럼에도 불구하고 그들의 표정은 하나같이 밝았다. 그들은 도시에서 잃어버린 희망을 산에서 찾고 있었다.

큰 실패 속에 있다면, 나보다 더 어려웠던 사람들, 사업을 하다가 수백억 수천억을 잃어버렸던 사람들, 나보다 더 큰 실패를 경험했던 사람들을 보면서 위안받을 필요가 있다. 그들을 보면서 자신을 성찰해보고, 현실을 수용하는 마음을 가질 필요가 있다. 이것이 비움의 시작이다.

나 역시 사업을 하면서 감내하기 어려울 만큼 고통스러운 적도 있었고, 마음을 다스리기 힘든 순간도 많았다. 그럴 때마다 밖으로 마음을 표출하기보다는 속으로 삭히려고 많이 노력했다. 내가 행한 방법은 마음속으로 '침착하자, 침착하자' 되뇌는 일이었다. 이 방법은 참으로 단순하지만 효과는 분명한, 누구에게나 권하고 싶은 방법이다. 고통스럽거나 마음이 불안할 때 조용한 장소를 찾아 눈을 감고 작은 소리로 '침착하자'라고 열 번만 말해보자. 그래도 흥분이 가라앉지 않는다면, 스무 번 반복해보자. 마음이 가라앉으며 지혜가 떠오르게 될 것이다. 화를 내거나 흥분을 해서 얻을 수 있는 것은 없다. 마음이 고요해야 일을 해결할 수 있는 지혜가 열리는 법이다. 마음을 비우면 '객관적인 시선'을 얻을 수 있다. 세상이 읽힌다. 생각이 성숙해지려면 객관적인 시선은 필수다.

암에 걸리면 죽음을 먼저 떠올리는 사람들이 많다. 울분, 분노, 허탈함과 아쉬움으로 생을 포기하려는 마음까지 생긴다. 감히 이야기해본다. 이때 마음을 다 내려놓는 것은 어떨까? 실제로 현실을 초연하게 받아들이고, 암이 나를 단련시키는 과정이라는 긍정의 마음으로 암 치료에 전념한 결과 현대의학으로는 해석이 안 되는 '기적'이라는 것도 일어나곤 한다.

미국 최고의 암 전문병원 MD 앤더슨 암 센터의 김의선 박사는 도저히 불가능한 환자에게도 기적이 있다고 말한다. 그는 도저히 회생 불가능한 암 환자에게 모든 것을 겸손하게 받아들이고 다 내려놓으라고 말한다. 마음가짐 하나가 얼마나 큰 결과를 가져오는지 그는 잘 알고 있다.

사막의 모래 속에서 차바퀴가 빠졌다면 어떻게 하겠는가? 무작정

엔진을 돌리겠는가, 아니면 타이어에 바람을 더 넣어서 강력한 힘을 만들겠는가? 둘 다 정답이 아니다. 오히려 타이어에서 바람을 적정히 뽑아야 타이어의 접촉면이 넓어져 모래 속에서 빠져나올 수가 있다. 반대로 타이어에 바람을 더 채우고 엔진을 더 강하게 돌릴수록 바퀴는 계속 모래 속으로 들어가게 된다.

사람의 인생사도, 자연의 이치도 이와 다르지 않다. 진행하는 일이 잘되지 않을 때에는 더 무리해서도, 욕심을 더 내서도 안 된다. 한 걸음 뒤로 물러서서 마음을 비워야 비로소 지혜가 생긴다. **지혜가 있어야 성공적으로 일을 진행할 수 있는 법이다.**

마음을 비우면 이미 지나간 실패에 대한 집착이 사라진다. 아쉬움이 경험으로 바뀌고, 과거를 반성하며 새로운 것을 찾게 된다. 스펙이 부족하면 다시 도전할 수 있는 마음이 생기고, 능력이 부족하면 더 노력하게 되고, 역량이 부족하면 저변을 확대하려고 노력하게 된다. 실패를 반추하면서 자신을 낮추고, 실수를 반복하지 않으려고 안간힘을 쓰게 된다. 이처럼 자신을 객관적으로 보기 시작하면 성공의 길도 열리기 시작한다. 욕심을 버리는 것은 과거에서 벗어나는 일이지 결코 손해 보는 일이 아니다.

시기심猜忌心

잘못 쓰면 독,
잘 쓰면 약

시기심은 왜 생기는 걸까? 사람들과 관계를 맺고 살아가면서 제일 많이 하게 되는 생각 중 하나이다. 분명히 칭찬받을 성과를 냈음에도 불구하고 공격을 받을 때는 당황스러운 기분이 들기도 한다. 나 또한 경쟁자의 승리에 기꺼이 박수를 쳤던 적이 많은 것 같지는 않다. 스스로 시기심이라며 못난 마음을 다잡아보기도 했다.

이런 기분은 나만의 못난 생각은 아닌 것 같다. 사람이라면 누구나 시기심이나 질투심을 가지고 있다. 중요한 것은 시기심이나 질투심을 자기 발전의 계기로 삼느냐, 그렇지 못하냐에 있다. 시기심을 컨트롤하지 못해서 상대를 공격할 때에는 큰 문제가 된다. 특히 가까운 사이에서 갈등을 만들어낸다. 시기심은 자신과 상대에게 우울, 불안, 분노, 이간질 등을 만들기도 한다. 하지만 어떻게 다루느냐에 따라 시기심은 자기를 발전시키는 자양분이 되기도 한다.

집안 형제간 다툼은 대부분 시기심에서 비롯된다. 제삼자가 잘되었을 때에는 상대적으로 덜 시기하게 되지만, 잘 아는 사람, 특히 혈연으로 얽힌 사람이 잘되었을 때에는 감정 조절이 잘 안 되는 경우가 있다. '나보다 잘난 게 하나도 없는데 어떻게 이런 결과가 나오지?'라고 생각하는 것이다.

특히 동생이 성공한 경우 손위 형제가 느끼는 시기심이 반대의 경우보다 크다. 어렸을 때에는 이견 충돌이 있어도 위계질서 속에서 힘으로 누를 수 있었지만, 성인이 되고 난 후에는 그게 안 된다. 어리다고 생각했던 동생이 큰 성과를 이루었을 때 시기심이 심화되는 것이다. 객관적인 사실은 인정해주어야 하나 혈연으로 얽힌 관계일수록 그게 쉽지 않다. 이런 이유로 한 가족 내 형제 사이가 타인보다 멀어진 경우가 허다하다.

반대 경우도 있다. 시기심을 드러내는 대신에 칭찬과 격려를 하고, 자기 발전의 에너지로 전환하는 사람들. 이런 사람들에게는 다시 한 번 도약할 수 있는 기회가 찾아온다. 우리가 성공했다고 인정하는 사람들은 대부분 이런 사람들이다.

사실 경쟁자의 성공을 칭찬하는 것은 쉬운 일이 아니다. 성공하고 싫은 인간의 욕망과 반하는 감정이기 때문이다. 오죽하면 "시기심은 살아 있는 사람한테서 자라다 죽을 때 멈춘다"는 시구나 "시기하는 사람은 죽지만 시기하는 마음은 대대로 상속된다"는 속담까지 있을까?

주변 사람이 잘되는 것을 그리 달갑게 여기지 않는 감정은 모든 사회에 공통적으로 존재한다. 하지만 그 정도는 우리 사회가 더 강한 모양이다. 제프리 존스 주한미상공회의소 명예회장은 청와대 학습모임에서 "한국이 부자가 되고 싶다면 '배고픈 것은 참아도 배 아픈 것은 못 참는다'는 인식을 바꿔야 한다"고 말했다. 사촌이 땅을 사면 배가 아픈 우리의 태도가 외국인들의 눈에도 고스란히 보이는 모양이다. 좀 부끄러운 부분이다. 이제라도 경쟁자를 칭찬하는 분위기가 만들어졌으면 하는 바람이다.

상대의 성공을 존중하는 마음은 겸손함에서 온다고 생각한다. 겸손함은 자신을 객관적으로 보는 시선에서 시작된다. 자신의 현실을 객관적으로 보기 시작하면 상대의 성공이 그저 우연이 아니라는 사실을 알게 된다. 그래서 겸손해야 한다. 이 겸손함은 박수를 쳐주는 사람에게만 필요한 것은 아니다. 박수를 받아야 하는 사람에게 더욱 필요하다.

건설업계에서 유능한 A라는 임원이 있다. 그는 투자를 유치하는 일에 뛰어난 실력을 발휘해 좋은 실적으로 젊은 나이에 동료들보다 빨리 승진도 했고, 주위 많은 사람들의 부러움도 받았다. 조직에서 그는 아쉬울 게 없는 임원이다. 그러나 그렇게 잘나가는 만큼 그에게도 뼈아픈 단점이 하나 있다. 그는 자신을 낮출 줄 모른다. 겸손함까지 갖추었다면 계속 존경의 대상으로 남을 수 있었겠으나, 거만함 때문에 그는 시기심 가득한 주변 경쟁자들로부터 항상 견제를 받는다. 위기가 닥치면 금세 무너질 수 있는 구조가 만들어진 것이나 다름없다.

실제로 얼마 전, 그런 일이 일어나고 말았다. A가 맡고 있는 조직에서 일이 터진 것이다. 부하직원이 공금에 손을 대었지만, '발 없는 말이 천 리 간다' 했듯이 이미 주변에는 A가 직접 공금을 횡령한 거라는 소문이 돌고 있었다. 주변 경쟁자들이 소문을 퍼뜨리고 있을 가능성이 컸다. "이제 A는 그 업무에 손을 떼야 한다. 어쩔 수 없다"는 말이 돌고 있었을 정도였다. 나중에야 A가 아닌 부하직원이 회사에 금전적인 손실을 입혔다는 사실이 알려졌다고 한다. 그래서 사람은 잘나갈수록 주위에 덕을 쌓아야 한다. 그러지 못하면 사실이 아닌 것이 사실이 될 수도 있다. 하지만 평소에 덕을 쌓으면 설사 잘못을 저질렀다 해도 주변에서 나서서 그가 그럴 사람이 아니라고 할 것이고, 그런 말을 퍼뜨리는 사람들의 입막음을 해줄 수도 있다. 잘나가는 사람이 조직에서 인정을 받고 위로 올라가고 싶으면 덕을 베풀고 자신을 끊임없이 낮추어야 한다. 이 일이 당장은 A에게 치명적이지 않을 수도 있겠지만, 그가 겸손한 태도를 갖지 않는 한 이런 일은 계속 벌어질 가능성이 높다. 이런 일이 반복되면 A는 결국 조직에서 떠나야 한다.

대학교 최고경영자 과정 총동창회는 한 조직이나 사업을 성공으로 이끌어온 나름 최고라는 사람들이 모인 자리다. 그러니 모든 회원이 잘나간다. 그중에서도 총동창회장을 맡은 이는 경제적으로나 사회적으로 덕망을 갖추고 경륜도 있는 사람이 추대된다. 평소에 총동창회장은 카리스마도 있고 자신 있는 행보를 해왔다. 어느 날, 총동창회 체육대회 행사가 있었다. 규정상 신입회원들이 주최를 하게 되어 있었다. 행사가 끝나고 시상식과 뒤풀이 자리에서 사회를 보는 신입회원이 바지 주머니에 손을 넣거나 팔짱을 끼는 등의 모습을 보여주었다. 거만한 태도로 비칠 수도 있는 모습이었다. 그러던 중 총동창회장이 인사말을 하는 순서가 되었다. 총동창회장은 극도의 겸손한 자세로 인사말을 했다. 그러자 사회자의 태도가 확연히 달라졌다. 거만함은 찾을 수 없게 확 변한 것이다. 나는 여기에서 깨달았다. 리더가 겸손하고 자신을 낮추면 회원들로부터 더 존경받는다는 것을 안 것이다. 끊임없이 낮추어라, 더 올라가고 싶으면…….

시기심은 어느 집단에서건 시기와 장소에 상관없이 언제 어디서든 나타날 수 있다. 이로 인해서 엄청난 갈등을 겪고 파국을 맞기도 한다. 시기를 받는 것도 불편하지만 시기를 하는 것도 많은 스트레스를 받는 일이다. 시기심을 겉으로 표현하지 말고 자신의 내면을 잘 갈고 닦아 자신과 주위의 평화와 행복을 위해서 발전적이고 생산적인 에너지로 승화시키는 것이 어떨까?

독일 심리학자 롤프 하우블은 『시기심』이라는 저서에서 시기심은 우울, 분노, 야심 세 가지 형태로 극복할 수 있다고 말했다. 우울은 자책으로, 분노는 분배를 위한 투쟁으로 바뀐다. 반면 야심은 상대처럼 되기 위한 노력으로 이어진다는 것이다. 우울과 분노의 경제적 귀결은 국가경쟁력 저하와 내수 침체다. 우리가 보고 있는 그대로다. 모두가 살기 위해서는 우울과 분노가 아니라 야심이 시기심의 분출구가 돼야 한다. 그러자면 기회의 평등이 보장되고 창의성과 생산성이 정당하게 보상받는 환경을 만들어야 한다.

초기 대응初期對應

최선의 손해 관리

흔히 좋은 회사를, 영업이 잘돼서 규모가 크고 봉급을 많이 주는 기업이라 생각한다. 나는 그보다는 평소 준비가 잘돼 있어 위기의 순간에 대응을 잘하는 회사가 좋은 회사라고 생각한다. 위기의 순간에 대응을 잘한다는 것은 위기 관리 시스템이 평소에 잘 작동되고 있다는 의미이고, 조직의 리더가 초기 대응을 잘한다는 뜻이기도 하다.

어떤 사고가 벌어졌을 때, 얼마나 정확하고 신속하게 초기 대응을 하느냐에 따라 결과는 완전히 달라진다. 나는 전국의 십 수 개 화물터미널을 운영한 적이 있다. 큰 화물터미널에는 평소에도 사백 명

이상의 인력이 근무하고, 명절처럼 성수기에는 천 명이 넘는 인원이 동원된다. 성수기에는 인력 수급이 가장 큰 숙제다. 화물터미널이 있는 지역의 인프라로는 필요한 인원을 채울 수가 없어서 다른 도시에서 공수해 오는 일이 다반사이다.

성수기 화물터미널은 전쟁터를 방불케 한다. 수많은 사람들과 물건이 뒤엉켜 있다. 그럼에도 불구하고 정밀해야 한다. 터미널은 서로 연계돼 있어서 어느 한 곳에서 문제가 생기면 다른 터미널까지 연쇄적으로 문제가 터진다. 배송 일정에 차질이 생기면 피해 규모가 엄청나게 커지기 때문에 성수기 몇 주 동안은 한순간도 긴장을 늦출 수가 없다. 발생할 수 있는 모든 가능성에 대비했고, 그물망처럼 위기 관리 시스템을 만들어 문제에 대비했다.

"마치 살얼음을 걷는 기분, 외줄타기를 하는 마음 같다."

얼마나 가슴을 졸였으면, 이 말을 입에 달고 살았다. 회사의 존폐가 걸린 문제였으니 어쩔 수 없었다.

이처럼 늘 긴장 상태에서 일을 하지만 사고는 돌발적으로 일어난다. 그때 피해를 줄이는 방법은 '최대한 신속하게 엉킨 부분을 정리하는 것' 단 하나뿐이었다. 모든 자원을 총동원해서 '초기 진압'에 나섰고, 그로 인해 큰 손실은 피해 갈 수 있었다.

당장은 손해인 것 같아도 초기에 피해를 줄이는 선택을 하는 것이 피해를 최소화할 수 있는 방법이다. 그런데, 미련 때문에 많은 사람들은 이 선택을 하지 못한다. 최선의 초기 대응을 하기 위해서는 결단력이 필요하다. 큰 손해가 나더라도 더 큰 손해를 막기 위해 사업을 포기할 줄 알아야 한다.

지금은 아파트 건설업이 불황이지만, 얼마 전까지만 해도 엄청난 돈을 벌었던 게 아파트를 건설하던 기업들이었다. 그러나 그들은 아파트 프리미엄이 사라지자 흔들리기 시작했고, 지금은 많은 기업들이 소리 소문 없이 사라졌다. 모두 불황 초기에 결단을 제대로 내리지 못해서 일어난 일이다.

1980년대 말에 만들어진 지방의 모 건설사가 대표적인 예다. 당시에는 아파트 건설이 얼마나 호황이었는지 기획력만 있으면 자기 돈 한 푼 들이지 않고 건설회사를 만들 수 있었고, 대부분 큰돈을 벌었다. 지방에서 수천 세대 아파트를 여럿 지었던 그 회사는 1997년 외환 위기 전까지는 정말 돈을 많이 벌었다. 그 자본력으로 여러 시중은행 주식을 엄청나게 사들였고, 서울 명동에 있는 모 은행 본사 건물을 구입해 사옥으로 사용하기도 했다. 그러나 외환 위기가 닥치자 이 기업은 그대로 무너졌다. 그도 그럴 것이 건설 경기는 바닥을 쳤고, 시중 은행들은 대부분 부도가 나거나 부도 직전에 놓인 상황이었다. 그들이 가지고 있던 대부분의 재산이 모두 거품처럼 사라진 것이다. 창업 10년 만에 큰 부를 이룬 그 회사는 결국 외환 위기 1년 만에 부도가 났고, 지금은 흔적조차 남지 않았다. 이처럼 불황에 무너지는 기업들은 대체로 불황 초기에 위기 관리를 제대로 못한 기업들이다.

무슨 일이든 초기 대응이 가장 중요하다. 감기에 걸려도 초기에 관리만 잘하면 크게 고생하지 않고 건강을 회복할 수 있다. 그러나 초기 대응을 잘못하면 한 달이 지나도 낫지 않는다. 감기뿐 아니다. 모든 질병이 마찬가지다.

회사에 입사했을 때도 '초기'가 중요하다. 잔뜩 긴장하고 무슨 일이든 빈틈없이 처리해야 한다. 시작부터 일에 임하는 자세가 흐트러지거나 잠시라도 게으름을 피우면 이내 별 볼일 없는 직원으로 낙인찍힌다. 이렇게 한 번 이미지가 굳어지면 시간이 지나도 회복하기 어렵다.

공부도 그렇다. 초기에 분위기가 잡히면 끝까지 가지만, 초기에 기반을 잡지 못하면 아무것도 이룰 수 없다. 사업을 시작할 때도 그렇다. 창업 초기의 역량을 게을리하면 기업이 궤도에 오르기까지 오랜 시간 고전하게 된다. 이처럼 모든 일의 운명을 결정짓는 것은 초기 대응이다.

핑크빛 전망을 갖고 주식에 투자했으나 생각처럼 안 될 때가 있다. 손실이 계속 이어지고 있을 때 당신은 어떤 판단을 내리겠는가? '판단을 잘못한 대가'로 손실을 인정하고 한시라도 빨리 정리하는 게 가장 현명한 판단이다. 그러나 많은 사람들이 혹시나 하는 생각에 매도 타이밍을 놓치고 결국 큰 피해를 입게 된다.

사람 마음이 그렇다. 어느 정도 손실이 나면 거기서 멈추어야 하는데, 회복을 희망하며 더 강하게 집착한다. 그러다 보면 더 어려운 순간을 맞게 된다. 수익을 보았을 때도 마찬가지이다. 미리 정한 선에서 손을 빼야지 지나치게 욕심을 부리다가는 초기의 이익조차도 자기 것으로 만들지 못한다. 어느 정도 손실이 나거나 수익을 올렸을 때 욕심을 버려야 한다.

어떤 일이 발생했을 때 기준을 정하고 결단을 내리는 것이 바로 '손해의 경제학'이다. 결단력 있는 초기 대응은 미증유의 이익을 날려버릴지도 모르는 손실을 피할 수 있게 해주며, 손실이 나더라도 손해는 최소한으로 줄여준다. 세상은 복권 당첨처럼 사는 게 아니라, 비둘기가 모이를 모으듯 살아야 행복하다는 사실을 잊지 말자. 손해를 최소화하는 방법으로 살아가라.

양보 讓步

손해 보지 않으면서 더불어 사는 법

우리 집은 서울이지만 외곽이어서 주변에 밭도 있고 산도 있다. 어느 날 우리 집 앞에 새로 집이 지어지기 시작했다. 그 집 주인은 국내 대기업에서 높은 자리까지 지낸 사람이다. 사회적으로 명망이 높은 사람과 알고 지내면 배울 게 많겠다 싶어서 정식으로 인사 나눌 날을 은근히 기다렸다. 하지만 그 기대가 무너지는 데는 그리 많은 시간이 필요하지 않았다.

그는 건축법에 어긋나지 않는다는 이유로 이웃을 생각하지 않은 채 자신만 편리한 대로 집을 지었다. 우리 집 담장보다 높게 만들어진 그 집 데크에서는 우리 집 안방과 침실, 심지어 화장실까지 훤히

들여다보였다. 그래서 우리 가족은 낮에도 커튼을 닫고 지내야 했다. 우리 집만 피해를 본 게 아니다. 그 집과 연이어 있는 A집도 사정은 마찬가지였다. 건축법상에는 문제가 없을지 모르지만 '생활권 침해'로 소송을 걸면 분명히 배상을 해야 할 수준으로 보였다. 그래도 이웃끼리 법으로 해결하는 게 싫어서 슬기롭게 해결할 수 있는 길을 같이 고민하자는 마음으로 그 집에 찾아갔다.

"집을 크게 짓는 것은 집 주인의 의지이긴 합니다만, 먼저 이웃의 양해를 얻는 것이 맞는 일 아닌가요?"

점잖게 말을 건넸으나, 그는 내 말이 콧등으로 들리는지 "원하는 대로 해보세요. 내가 불법을 저지른 게 아니니까"라고 말하더니, 자기 집으로 들어갔다. 참 예의 없고, 성의 없는 반응이었다. 그럼에도 불구하고 생활의 문제이다 보니 그냥 넘어갈 수가 없어서 그 이후에도 수차례 협조를 구했다. 그러나 그는 꿈쩍도 하지 않았다. 어쩔 수 없이 우리 집과 A집은 비용을 투자해서 담장을 높여야 했다.

그가 이웃을 불편하게 한 것은 그것뿐이 아니었다. 그 집 옆에는 A집 소유의 밭이 있다. A집 주인은 자신의 밭에 조그맣게 창고를 지어 다용도로 활용하려고 했는데, 그 집에서 '거실 전망을 망친다'고 관할 관청에 민원을 넣어서 짓지 못하게 했다. 밭에 창고를 짓지 못하는 바람에 A씨는 냄새나는 거름을 한 차 부어놓고 밭농사를 지었다. 덕분에 우리 마을은 한동안 구수한 마을이 되었다.

본인이 필요할 때만 법과 원칙을 이야기하니 듣는 입장에서는 참 답답했다. 그는 대화로 풀 수 있는 문제까지 법의 잣대를 들이대려 했다. 그 집 주인은 자신의 조망권을 이야기하면서 자꾸 민원을 넣지만, 사실 조망권에 가장 큰 피해를 입은 것은 우리 집이다. 차이가 있다면, 나는 법보다는 인간적으로 해결하려고 했다는 것뿐이다.

사람이 더불어 살다 보면 이웃에 폐를 끼칠 수도 있고, 침해를 받을 수도 있다. 서로 양보하면서 살아야지, 내가 불편하다고 민원부터 넣다 보면 서로 사이만 벌어진다. '이기적인 사람은 자기가 유리할 때는 법의 원칙을 운운하고, 불리할 때는 떼를 쓴다'는 말이 생각났다.

그의 행보는 끝이 없었다. 우리 집 옆에도 오래된 텃밭이 있다. 그는 또 민원을 넣었다. '동네에서 누가 농사를 지어서 미관을 해친다'는 내용이었다. 그 민원은 기각되었다. 이미 오랫동안 지어왔기 때문에 구청에 민원을 넣어도 별수 없었다. 집터를 구매할 당시 집 주변에 밭농사를 짓고 있다는 것쯤은 알고 있었을 텐데, 계속 문제 삼으니 너무한다는 생각밖에 들지 않았다. 그의 행동을 한마디로 정리하면, '내가 이사를 왔으니, 이웃은 짓던 농사를 중단하고 나의 시선을 행복하게 만들라' 정도가 될 듯하다.

그에 버금가는 또 다른 이웃도 있다. 그 집 주인은 변호사로 함께 사는 아들 또한 변호사이다. 자기 집 앞에 새롭게 집을 짓는 이웃에게 "뒤쪽에 창문을 내지 마라" "우리 담장과 더 떨어져서 집을 지어라" "2층으로 짓지 마라" 등등 계속 참견을 하더니, 나중에는 법원에 가처분정지 신청까지 내어 1년 동안 아예 건축을 못하게 했다. 그 때문에 새로운 이웃은 공사가 1년 가까이 지연되는 바람에 큰 피해를 입었다.

1년 후 건축 허가를 내주긴 했지만, 법원에서는 계속 소송이 이어질 거라는 생각에 '두 집이 땅 일부를 서로 주고받아 건축이 원활하게 진행될 수 있도록 하라'는 판결을 내렸다. 그런데, 그 집 주인은 자기 땅이 더 많이 내어놓아야 하는 입장임에도 불구하고 한 평도 못 내놓겠다고 행패를 부렸다. 새로운 이웃은 사사건건 간섭하는 뒷집이 보기 싫다며, 땅을 주고받는 것은 포기하고 아예 10미터 이상 되는 대나무를 빽빽하게 심어버렸다. 그 집 전망을 완전히 가려버린 셈이다. 새로운 이웃이 변호사 부자父子에게 한 말도 "법대로 하라"는 한마디였다. 변호사 부자는 기다렸다는 듯이 소송을 진행했지만 패소했다. 옆에서 보기에 이웃끼리 법으로 해결하려는 모습이 그저 안타까웠다. 몇 년간 이어진 몇몇 싸움으로 우리 동네는 법대로 사는 흉흉한 동네가 되었다.

조금만 손해를 보아도 분을 참지 못하고 겉으로 표출하는 사람이 있다. 남 흉보기를 즐겨 하고, 가까운 사이에서도 양보하기 싫어서 경기驚氣하는 사람들. 이들은 본인은 실수투성이면서 상대의 작은 실수에 민감하게 반응한다. 너무 자기중심적이다. 마을에 새로 이사를 왔으면 그저 여러 주민 중 한 사람일 뿐이다. 사회에서 잘나간다고 주변 사람들을 무시하고 위로 올라가려고 하는 것은 정말 무례한 짓이다. 잘 살펴보라. 그런 사람 주변에는 사람이 없을 것이다.

사람들은 자신의 마음을 상대에게 드러내지 않으려고 한다. 최대한 감추고, 상대로부터 이득을 얻으려 한다. 그러나 그게 능사가 아니다. 그러면 상대 역시 마음을 드러내지 않는다. 진정 어린 소통이 될 리 없다. 내가 먼저 마음을 드러내고 다가가야 상대도 마음의 문을 열고 다가온다. 내가 먼저 베풀어야 상대도 지갑을 연다. 상대의 마음을 얻으려면 먼저 마음을 열어야 한다.

서로 배려하면서 살자. 이게 인심도 얻고 스스로도 행복해지는 길이다.

평화平和

시련은 손해가 아니다!

가끔씩 힘들다고 나를 찾아오는 사람들이 있다. 나도 힘들 때는 마음을 터놓을 수 있는 지인을 찾아가는지라 그렇게 날 찾는 사람들에게 최대한 마음의 평화를 주려고 노력한다. 나는 이들에게 '고통 속에 있을 때 좌절하기보다는 평정심을 가지려 노력해야 한다'고 이야기한다.

'이 정도 사는 것만 해도 다행이다' '재산은 잃었지만 건강은 챙기지 않았던가!' '건강하니 다시 도전하면 된다!'

나는 사업을 하면서 마음의 자세가 얼마나 중요한지 알게 되었다. 실패가 왔을 때 좌절하기보다 '더 큰 사업을 대비하기 위해서 미리 작은 시련을 주는구나! 지금 이 시련은 큰 성공을 위한 과정일 뿐!'이라는 마음으로 평화를 얻었다. 실패 없는 성공은 없는 법이니까. 그래서인지 그 순간에는 손해를 보았지만, 결국에는 시련이 늘 약이 되었다.

한 번은 어느 대형 물류회사와 도급관계로 계약을 맺고 일을 진행했는데, 최선을 다했음에도 불구하고 엄청난 손실을 봤다. 우리 회사의 착오도 있었으나 힘의 논리로 대응한 대형 물류회사의 부당함도 있었다. 수십억 원의 손실에 대해 일부라도 보상해달라고 했으나, 조금도 받지 못했다. 그 당시에는 법적으로 대응하고 싶기도 했다. 그러나 참았다. 다른 큰 것을 잃을 수 있다는 판단을 한 것이다. 그 일은 애써 잊으려 노력했다. 다른 사업을 열심히 해서 손해 본 부분을 메꿨다. 그렇게 시간이 지나자 마음이 편안했다.

큰 손해를 보고도 이내 다시 일상으로 돌아오는 내 모습을 보고 사람들은 "왜 그렇게 손해 보고 사느냐?" "그렇게 손해를 보고도 왜 이렇게 태연하냐?" "다른 일이 손에 잡히느냐?"며 답답해한다. 나라고 왜 마음이 아프지 않았겠는가? 그러나 더 큰 것을 봐야 하는 게 나의 역할이다. 내 마음속은 더 큰 성공을 이루겠다는 의지로 불타고 있다. 욕심을 버리라고 했지 열망까지 없애라는 말은 아니다.

일을 하다 보면 종종 실패를 경험할 수 있다. 그때 좌절하고 있으면 실패가 주는 피해보다 몇 배는 큰 파장이 올 수 있다. 그래서 마음을 다스리는 것이다. 실패에 크게 좌절해서 한동안 방황하는 사람들이 많이 있다. 그들에게 '마음의 평화를 찾는 자신만의 방법'을 가지라고 조심스럽게 이야기해주고 싶다.

마음의 평화를 찾는 방법은 일반적으로 음악 감상, 여행, 독서, 명상, 봉사 등이 많이 알려져 있다. 이런 방법들 중에 음악은 '음악 치료' '음악 요법'이란 이름으로 정신과 치료에서도 널리 활용하고 있다. 고혈압 환자에게 클래식 음악을 권하는 의사도 있다. 현대인은 하루 종일 소음에 갇혀 있다. 소음 때문에 각종 스트레스가 발생하고 마음의 평화를 잃는다고 한다. 편안한 음악이 엔돌핀을 만들어준다는 것은 이미 많이 알려져 있다.

자연과 문화의 경이로움을 느끼고 자아의 객관성과 타자성을 경험하는 여행이나, 지적 감동을 통해 마음의 평정을 찾는 독서, 내 자신을 내주며 정서적인 면역력을 끌어올리는 봉사는 모두 마음의 평정을 유지시켜주는 훌륭한 방법이다. 이런 방법 등을 통해 마음을 다스리고 나면 나의 괴로움이 지나친 욕심 때문에 생긴 실망감이라는 사실을 알게 된다.

'삶이란 아침에 맺은 이슬과 같고, 잠깐 끼었다가 사라지는 연기와 같다.' '내가 가지고 있는 모든 것은 잠깐 사용하다가 그냥 그대로 두고 갈 것.' '생명은 유한한 것이니 몸이 상할 정도로 지나친 욕심을 부릴 필요는 없다.' 이런 깨달음을 통해 마음의 평화를 찾는다.

사업을 할 때 마음의 평화는 매우 중요하다. 사업을 성공적으로 추진하기 위해서는 매 순간 집중해야 한다. 정신이 혼란스러우면 일에 몰입하기 어렵고, 이는 고스란히 사업 결과로 드러난다. 탁한 물에는 얼굴이 비치지 않는 법이다. 마음이 맑고 평화로워야 지혜가 생기고, 지혜가 생길 때 좋은 결과가 따라온다.

나 역시 기대 이상으로 큰 성과를 이룬 때를 생각해보면, 스스로 놀랄 정도로 마음이 차분했다. '열심히 노력했으니, 결과는 그다지 중요하지 않다.' 마음이 이 정도로 평온해졌을 때 늘 결과가 좋았다. 마음이 넉넉해야 큰일도 들어오는 법이다.

성공의 순간에도 마음을 비우는 법을 알아야 한다. 자신의 역량을 계속 성장시키기 위해서는 '지금 나는 부족하다'는 자각이 필요하다. 이렇게 마음을 비워야 겸손함이 생기고 노력이 시작되고 좋은 성과가 나온다. '지금 나는 부족하다'는 말이나 겸손은 굴욕적인 것도 나약한 것도 아니다. 도리어 겸손은 스스로를 넘어설 수 있게 만든다. 끊임없이 지속적인 성장을 이룬 대가들, 그들 역시 대체로 이런 사람들이었다.

살면서 때로는 감내하기 힘든 고통을 겪게 되고 많은 것을 생각하는 과정에서 자신의 내면을 갈고 닦게 된다. 결혼한 지 얼마 안 되는 신혼부부들은 많이 싸운다. 그러나 시간이 지날수록 갈등은 거의 줄어들게 된다. 결혼 초기에는 부부간에 이견 충돌이 일어나면 갈등을 넘어 파탄으로 이어지는 경우가 많다. 그러나 인생에 나이만큼 다양한 경험을 하게 되고 이해의 폭이 넓어지면서 상대가 힘들어하고 짜증을 내더라도 그런 상대를 이해하게 된다. '피곤한 데가 있나?' '불편한 데가 있나?' 하는 이해하는 마음으로 바뀌게 되는 것이다. 이러한 일들은 부부 사이에서뿐 아니라 회사 업무에서, 또한 일상적인 사회생활에서도 찾아볼 수 있다. 마음의 평화를 얻기 위해서는 상대의 마음을 읽고 세상의 원리를 이해하는 내공이 필요하다.

우리는 너무 큰 스트레스 속에서 살아간다. 경쟁사회이다 보니 어쩔 수 없이 가지게 되는 스트레스도 있지만 스스로 만든 욕심도 큰 몫을 차지한다. 없으면 없는 대로, 적으면 적은 대로 살아갈 줄 알아야 한다.

평화를 얻으라. 행복이 찾아오고, 성공도 멀지 않을 것이리니.

자세姿勢

손해를 극복하는 자세, '낙엽처럼 낮게'

공기업 고위직에 계신 분이 정년을 6개월 정도 남기고 나와 식사를 하면서 이런 이야기를 꺼냈다.

"그동안 대접만 받으면서 살았는데, 앞으로 어떻게 살아야 할지 모르겠어요. 이제 사람들이 연락을 안 해. 앞으로 더 심해지겠죠?"

그분의 근심을 십분 이해했다. 그래서 이렇게 대답했다.

"맞습니다. 연락이 점점 줄 거예요. 그러니 기대하지 마시고 지금부터라도 정년 이후의 삶을 스스로 준비하세요. 그 길밖에 없습니다."

그분은 쓴웃음을 지었다. 그러나 듣기 좋은 이야기만 할 수는 없었다. 사회적으로 위치가 약해지거나 힘이 빠진 사람에게 세상은 절대로 팔을 뻗지 않는다. 한시라도 빨리 이런 현실을 인식하는 게 상처를 가장 덜 받는 방법이다.

직장에 소속돼 있으면 '보이지 않는 이익invisible benefit'이 많이 있다. 연봉 이외에도 그 회사에서 일하기 때문에 받게 되는 사회적인 대우가 있는 것이다.

"저는 어느 기업 어디에서 일합니다."

이 한마디에 사람들이 그 수준에 맞게 대접해준다. 그런데 분명히 알아야 할 것이 있다. 이 보이지 않는 이익이라는 무형의 재산은 그 회사를 그만두는 순간 곧바로 사라진다. 사회로부터 받아온 대접을 '당연히 받는 것'이라고 생각한다면, 다음 비즈니스에서 한동안 고전해야 한다.

퇴직자 중 과거를 잊지 못하는 실수를 저지르는 사람들이 있다. 전 직장 부하직원에게 일을 부탁하고, 그들이 자신을 위해 알아서 일을 만들어주길 기다린다. 한두 번은 그 기대가 충족될 수도 있다. 그러나 지속적으로 일을 받기는 쉽지 않다. 그렇게 만들어서 주는 일조차 '적당한' 일거리에 불과할 가능성이 높다. 그러니 일단 너무 큰 기대는 삼가야 한다. 그리고 언제나 예의를 지켜야 함을 절대 잊지 말자.

이전에 부하직원과 어떤 관계에 있었든지 간에 일을 부탁하려면 이전과 전혀 다른 마음 자세로 접근해야 한다. "이 봐! 김 부장 그 일 나에게 줘"가 아니라 "김 부장님, 가능하면 저에게 일을 줄 수 없을

까요?"라고 해야 한다. 피가 거꾸로 솟을 수 있다. 그러나 비즈니스는 비즈니스일 뿐이다.

창업이 아니라 '두 번째 취업'을 했을 경우도 마찬가지다. 주변에 오래 다닌 직장을 그만두고 재취업을 하거나 사업을 시작하는 친구들이 많다. 그들은 하나같이 "적응이 힘들다"고 말한다. 특히 재취업에 성공해 새로운 조직에서 직장생활을 시작한 친구들이 이런 말을 많이 한다.

기존 직장에서 높은 위치에 있다가 다른 직장에 재취업을 하면 모든 게 힘들다. 급여 수준이 떨어졌을 것이며, 사무실 환경도 열악해졌을 것이며 직장 내 파워는 거의 없다. 나름대로 '현실은 현실이니 잘 받아들이겠다'고 다짐해보지만, 이게 생각처럼 쉽지 않다. 성과에 대한 스트레스는 이전 직장보다 몇 배는 더 심하다. 재취업 초기에 눈에 띄는 성과를 만들어내지 못한다면 조직 내에서 '이물질' 취급을 받을 것이다. '내가 어쩌다 이렇게 됐을까?' 서글픈 마음에 소주잔 기울일 일만 잦아진다.

마음은 십분 이해한다. 오랜 경력을 제대로 인정받지도 못하고 참 서럽다. 유명 직장에서 근무했다면 상실감은 더 커진다. 그러나 방법은 없다. 스스로 견디고 이겨내야 한다. 다른 사람에게 이해를 구해서도 안 된다. 그 누구도 동정하지 않는다. 괜히 약해진 마음을 보여봤자 상처만 받는다. 어쩌다 자리가 편한 것 같아서 "더러워서 못 하겠다" "다른 일을 찾아봐야겠다" 같은 이야기를 한다면, 아마 상대는 혀를 끌끌 차면서 '아직 배가 덜 고프군'이라고 생각할 것이다.

중년 이후 새로운 환경에서 일을 시작하는 것은 너무 힘든 선택이다. **새로운 환경에서 살아가기 위해서는 조직에서 벗어나는 순간부터 아주 낮은 자세로 돌아가야 한다.** 누군가의 도움이 필요한 순간부터 '을'이 되고, 그런 자세로 찾아가야 일이 성사된다는 사실을 각인해야 한다. 그래서 나는 이런 상황에 있는 주변 사람들에게 '낙엽처럼 낮게' 자리매김하라고 말한다. 자존심을 버리라는 이야기가 아니다. 이것이 진정으로 자존심을 살리는 일이기 때문에 그렇게 말한다.

자만한 자는 주어진 기회를 놓치고, 거만한 자에게는 일의 기회조차 주어지지 않는다. 일을 하려면 기회를 얻어야 한다. 그 기회를 얻기 위해서는 무한히 겸손해야 한다. 겸손에는 한계가 없다. 아무리 겸손해도 문제가 되지 않는다. 대신 얻는 것은 많다. 자신을 낮추고 겸손하면 할수록 자신의 부족함을 깨닫게 된다. 노력이 시작되고 실적을 쌓을 수 있다. 무한히 겸손하라고 해서 주눅 들어 행동하라는 것은 아니다. 본인의 생각은 얼마든지 전달하되, 최대한 겸손하라는 뜻이다. 거만하면 누구도 찾아주지 않는다. 겸손하되 당당하라.

직접 맞닥뜨려야 하는 현실은 지금까지 내가 꺼낸 이야기보다 훨씬 더 냉혹할 것이다. 직장을 그만둔 순간 기존에 알고 있는 네트워크의 90퍼센트는 사라진다. 나머지 10퍼센트도 길어야 1년이다. 다시 맨땅에서 시작하는 셈이나 다름없다. 세상에 처음 태어난 순간처럼, 모든 사람이 선배이고 무엇이든 배우겠다는 생각으로 살아야 한다. 그러면 주변에서 도와주는 사람들이 생긴다. 다들 그렇게 살아간다.

고객사 관리자가 두 번째 취업으로 우리 회사에 오는 경우가 종종 있다. 그중에 한 분은 고객사 관리자로 있으면서 우리를 단순한 협력업체 이상으로 대해주었다. 그가 우리 회사에 오길 원한다는 소리를 듣고 참 많이 환영했다. 그도 정말 열심히 일했다.

요즘에는 50세 전후에 퇴직하는 게 일반적인 일이 되었다. 반대로 수명은 점점 늘어나고 있다. 60세 정년을 채우고 퇴직했다고 해도, 20년에서 30년을 더 살아야 한다. 두 번째 취업은 이제 당연한 일이 되었다.

힘들지만 두 번째 취업에서는 낙엽처럼 낮게, 처음 시작하는 마음으로 임하자. 군에서 이등병 생활을 시작하듯 신발끈을 단단히 조여 매야 한다.

시선視線

손해를 초월하는 마음가짐

나는 당장 경영에 활용할 수 있는 실용서도 읽지만, 정서적인 책도 종종 읽는다. 느끼고 얻는 것이 다르기 때문이다.

예술과 관련된 책을 읽고 있으면, 주변에서 “왜 경영과 상관없는 책을 읽으십니까?”라고 묻는 사람들이 있다. 틀린 질문은 아니지만, 맞는 질문도 아니다. 경영은 단순히 숫자놀음이 아니다. 이성적인 영역 외에, 감성적인 영역, 심지어 영적인 영역에 대한 이해가 필요하다. 그래서 분야를 구분하지 않고 책을 읽어야 한다.

경영을 하든, 직장에 다니든, 프리랜서로 일을 하든 간에 ‘미래를 보려는 노력'은 필요하다. 글로벌 경기는 어떻게 흘러갈 것인지, 우리나라 산업구조는 어떻게 개편될 것인지, 사회복지 문제는 어떻게 해결해야 하는지, 시대와 함께 고민하고 미래를 보려고 노력해야 한다. 그게 전략적인 삶을 사는 것이고, 성공과 직결된 삶이기도 하다. 그런 고민을 하다 보면, 내가 하는 일이 앞으로 어떻게 전개될 것인지, 어떤 어려움이 생길 수 있고, 결국에는 어떤 성과가 찾아올 수 있을지 예측하고 움직일 수 있다. 그래야 비로소 지금 하고 있는 일에 '의미'가 부여된다.

이처럼 미래를 보려는 노력이 중요함에도 불구하고 많은 사람들이 미래를 생각하지 않는다. 주변 사람들에게 그 이유를 물어보면 "지금 당장 살기도 바쁜데 언제 미래까지 생각합니까?"라고 되묻는다. 당장 이익이 되지 않는 일은 하지 않겠다는 뜻이다. 그러나 세상에 바쁘지 않은 사람은 없다. 그럼에도 불구하고 조금이라도 나은 삶을 얻기 위해서 노력해야 하고, 그래서 자꾸 미래를 내다보려고 노력해야 한다. 그게 없으면 인생이라고 말할 수도 없고, 성공할 수도 없다.

사람들은 이상하리만치 미래보다 과거에 의존하면서 살아간다. '내가 과거에 이렇게 잘나갔는데' '지금까지 그럭저럭 잘 살아왔으니 앞으로도 그럴 거야' 이런 생각을 하며 산다. 정말 과거적인 생각이다. 이런 습관은 버려야 한다. **성공하는 사람은 틈나는 대로 미래를 생각하지만, 실패하는 사람은 과거에 머물러 있다는 사실을 늘 잊지 말자.**

나와 나이가 같아서 친구처럼 지내는 한 사업가가 있다. 그는 이름만 대면 알 만한 집안 아들이다. 고등학교 시절에 미국으로 유학을 떠났고 그곳에서 대학원을 마치고 사회생활까지 하다가 십여 년 전부터 한국에서 사업을 하고 있다. 그런데 화려한 과거와 달리 국내에서 벌인 사업은 대체로 결과가 좋지 못했다. 그는 "여전히 과거 고등학교 시절 사고思考에 머물러 있다"고 말하며 많이 후회한다. 그가 미국에서 지낸 시간이 20년 가까이 된다.

실제로 그와 이야기하다 보면 현실을 직시하지 못하고 있다는 생각에 가끔 '이건 아닌데' 싶을 때가 있다. 과거에 집안이 잘나가고, 세상을 내려다보던 그때로 돌아가고 싶어 한다. 주위에서 그러지 말라고 이야기해주고, 본인도 바꾸려고 하는데 그게 잘 안 되는 것 같다.

사회에서 모임을 할 때나 동창들을 만날 때 늘 발전하고 있는 사람은 최근에 일어난 이야기나 앞으로의 계획 등 미래 지향적인 이야기를 하는 반면, 현재에 머물러 있는 사람은 대체로 지나간 과거의 옳고 그름을 논하는 경우를 많이 본다. 설사 과거를 논하고 싶어도 현재의 자신을 발전시키려고 하는 사람에게는 시간적인 여유가 없을 것이다.

상대의 역량이 나보다 턱없이 부족하면 경쟁이나 시기심의 대상이 전혀 되지 않는다. 시기심은 나보다 역량이 큰 상대를 만나면서 생기는 것이다. 사회의 모임에서는 자신의 위치가 약화되는 것을 느끼는 사람들이 시기심을 밖으로 드러내곤 한다. 회원들을 자기편으로 모으기 위해 환심을 사거나, 없는 말을 만들어서 선동을 한다. 회원들은 상황을 냉정하게 파악하기보다는 환심을 갖게 하는 일에 우선 동조부터 한다. 이게 불씨가 되는 경우가 많다.

선동, 이간, 비방, 음해하는 한 사람으로 인해서 파국을 맞는 모임을 종종 봐왔다. 비단 친목 모임뿐 아니라 기업도 이와 다르지 않은 것 같다. 그래서 사람이 중요하고, 그래서 마음이 중요하다.

과거를 넘어 미래로 향하고 있는 가장 대표적인 사례가 우리와 베트남의 관계이다. 베트남 전쟁이 끝난 게 꽤나 오래전 같지만, 실제 40년이 채 되지 않았다. 우리는 베트남 국민들이 많이 미워해도 할 말이 없는 나라일지도 모른다. 그러나 베트남 사람들은 군인을 30만 명이나 파견하고 자국에 피해를 입힌 우리를 미워하지 않는다. 오히려 눈부신 경제성장을 이룬 우리를 높게 평가하고 우리 기업과 우리 문화를 배우려고 한다. 숙연해지는 부분이다. 이런 미래적인 시선 덕분인지 현재 베트남은 눈부신 경제성장을 거듭하고 있다. 그들이 과거 시선에 머물러 있었다면, 다시 말해 '우리가 한국 때문에 손해를 입었으니 이제 이득을 취해야 해' 이런 마음이었다면 지금 북한과 같은 처지에 놓여 있을지도 모른다.

미래를 준비하라고 하면, 당장 이익이 되지 않는다는 점 때문에 '손해 보는 일'로 생각하는 사람들이 있다. 우리가 생각하는 손해 보는 일은 대체로 미래를 준비하는 일이다. 바꿔 말하면, 손해 보는 일을 많이 해야 미래에 거둘 수 있는 것도 많다. **뿌리는 과거에 두고, 줄**

기는 현재를 살고, 가지는 미래를 향해 뻗으라 했다. 전통을 바탕으로 하고, 트렌드를 잊지 말며, 미래를 개척하라는 이야기다.

지금 사는 게 퍽퍽하더라도 시선은 미래로 향하자!

2

세심

세상을

살리는

위대한 마음

용기勇氣

내 인생의 키워드

나의 할머니는 청도와 부산을 오가며 참기름을 파셨다. 일찌감치 바깥세상을 경험해서인지 자식들에 대한 교육열이 높으셨고, 사남매 중 둘째였으나 아들로는 맏이였던 아버지가 공부로 성공하길 원하셨다. 그러나 아버지는 공부에 관심이 없으셨다. 아버지는 전형적인 농부셨다. 농사를 천직으로 여기셨으며, 농사에 관해선 한 치의 오류도 허락하지 않으셨다. 워낙 철두철미하게 일을 하셔서 동네에서는 '논두렁 둑을 쌓는 데 돌멩이 하나라도 10년 앞을 내다보고 놓는다'는 평을 얻기도 하셨다.

깔끔한 성격은 일상생활에도 그대로 반영되었다. 아버지는 농사를 지으러 나가실 때에도 항상 옷매무새를 단정히 하셨고, 항상 머리빗과 거울을 갖고 다니시며 농사일 하는 틈틈이 차림새를 가다듬곤 하셨다. 아버지는 자신과 가정, 그리고 자식들에게는 엄격하고 완벽했지만 이웃에게는 술값 밥값을 전부 계산할 정도로 인심이 후한 분이셨다. 부지런하고 깔끔할 뿐만 아니라, 인심까지 후한 아버지 덕분에 우리 집 가정 형편은 나쁘지 않았다.

반면, 아버지 대신 공부를 하게 된 삼촌은 대학을 나와 경찰 간부 1기 출신으로 높은 자리까지 올라갔다. 당시 우리 고향 마을에서는 아주 성공한 케이스였다. 삼촌이 고향에 올 때마다 마을에서는 마치 대통령이라도 방문한 듯 잔치가 벌어졌고, 너도나도 삼촌과 말이라도 섞으려고 법석을 떨었다. 이게 아버지에겐 충격이셨던 모양이다. 하늘이 내려준 직업인 농사, 그 농사의 달인이었던 자신보다 사회에서 성공을 거둔 삼촌이 크게 대접받는 모습을 보고 가치관이 흔들리셨던 것이다.

삼촌에 대한 자격지심이 영향을 미쳤던 것 같다. 아버지는 자신의 맏아들인 내 형에겐 공부해서 성공하라고 어렸을 때부터 세뇌시키셨고 적극적인 지원도 마다하지 않으셨다. 그러나 둘째인 나에게는 '농사꾼으로 성공하라'며 초등학교에 입학하기 전부터 농사일을 시키셨다. 아직 자아가 형성되기 전이었다. 나는 아버지의 결정에 따를 수밖에 없었다.

나는 초등학교도 들어가기 전부터 시골 농사일, 소 풀베기, 나무하기 등 그야말로 머슴처럼 일했다. 오전이나 오후만 일하는 게 아니었다. 겨울이 되면 산에서 나무를 해와야 하는데, 아버지는 내가 하루 종일 일하기를 원하셨다. 정말 하기 싫었지만, 아버지의 원성이 듣기 싫어서 열심히 농사일을 도왔다. 한 번이라도 게으름을 피우면 아버지는 나를 가만히 두지 않으셨다. 일을 하면서 한계 이상의 어려움을 경험할 때도 있었지만, 일단 나무를 하러 가면 마치 100미터 경기를 하듯이 욕심을 내어 일을 했다.

학년이 올라가며 내가 해야 할 일도 더 많아졌다. 다른 친구들이 한창 공부하고 있을 때, 나는 여전히 농사일에 매진하고 있었다. 중학교 1학년 때 해가 짧은 겨울, 조금 늦게 오후에 나무를 하러 갔다가 저녁 무렵 집으로 돌아오는 길이었다. 배가 고파 뱃가죽은 등에 붙을 정도였고 정신도 몽롱했다. 결국 발을 헛디뎌 나뭇짐과 같이 언덕 아래로 굴러떨어지고 말았다. 누구 하나 지나가지 않는 캄캄한 겨울밤에 다친 발을 움켜쥐고 있으려니 서러운 마음에 한없이 눈물을 흘리기도 했다. 이와 비슷한 경험들은 많았다.

고등학교 졸업 후, 대학 진학은 생각도 못했다. 나는 부산에서 삼촌이 구해주신 직장에 다녔다. 그러나 군 복무 기간 내내 학업에 대한 열정은 사라지지 않았다. 제대 직후 아버지에게 공부를 시켜달라고 한 달 동안 매달렸다. 그러나 아버지는 마음을 바꾸지 않으셨다. 어떻게든 공부를 하고 싶었던 나는 스스로 돈을 벌어서 공부를 하겠다며 대문을 박차고 집을 나왔다. 당시 다시는 고향 땅을 밟지 않겠다고 다짐을 하며 대성통곡을 하면서 마을을 떠났다.

잠깐 동안 부산에 있는 삼촌 집에서 머물렀다가, 공군 하사관이었던 집안 6촌 형에게 4만 5천 원을 빌려 부산 전포동의 판자촌에 방을 얻어 공부를 시작했다. 전포동 판자촌은 6.25 때 피난민 수용소로 만들어진 곳이었다. 화장실도 공중화장실뿐이었다. 아침이면 화장실 앞에 사람들이 길게 줄을 섰고, 어디를 가도 바퀴벌레가 기어 다녔다. 환경이 말이 아니었다.

사회생활을 하면서도 공부에 대한 열망을 놓지 않았다. 암기할 것들을 A4용지에 적어 주머니에 넣어 다니면서 틈이 날 때마다 읽고 또 읽었다. 심지어 회사에서 회식으로 술에 취한 날에도 화장실에 가서는 메모지를 꺼내 들고 암기를 했다. 이런 노력으로 대학을 졸업했다.

천성적으로 그런 것 같지는 않은데, 내겐 남 앞에 당당하지 못한 성격이 몸에 배었다. 아마도 농사짓는 걸 친구들에게 보여주기 싫어서 피해 다니다 보니 당당하지 못한 성격이 자리 잡은 것 같다.

아버지로부터 사랑받지 못하고 자란 탓도 있는 것 같다. 아버지는 형과 나를 지나치게 차별하셨다. 어릴 적 아버지가 형에게 자전거를 하나 사주셨다. 한 번 타고 싶었지만, 아버지는 내가 만지면 고장이 난다며 만지지도 못하게 하셨다. 이렇게 살다 보니 늘 주눅이 들어 있었다. 무슨 일을 해도 아버지는 날 인정하려 하지 않으셨다.

당당하지 못한 성격은 직장에 다니던 시절보다 사업을 하는 데 크나큰 장애 요인이 되었다. 누구를 만나기 전에 '어떻게 해서 만날 수가 있을까?' '어떻게 용기를 얻을까?'를 며칠 동안 고민했다. 중요한 고객이라는 생각이 들면 전화 한 통 하는 것도 가슴이 떨려서 찬 음료수 두어 병은 마셔야 전화기를 들 수가 있었다. 미팅 자리에 가도 상대방을 똑바로 바라보지도 못하였고, 의사 전달도 제대로 못하여 말끝이 흐렸다.

어느 날 생각했다. 나도 사람이고 상대방도 사람이다. 단지 내가 조금 어려워할 뿐이다. 내가 만나고자 하는 고객도 나와 같은 시절이 있었다. 긴장하지 마라. 두려워하지 마라. 내가 움직이지 않으면 누구도 할 수 없다. 스스로 자위도 하고 당당함을 갖기 위해서 많은 노력을 했다. 이렇게 마음을 다스렸고, 용기를 내어 사람들을 만났다. 많은 시간이 걸렸지만, 용기를 내면서 대인관계도 점점 좋아졌다.

어떤 사업을 수주받기 위해서 반드시 그 기업 회장을 만나야 할 일이 있었다. 새벽 일찍 그의 집 앞에 찾아가 출근하러 나오는 모습을 보면 쫓아가서 인사하고, 저녁 퇴근 시간을 기다렸다가 저녁 인사를 하고 나서야 집에 돌아오곤 했다. 그렇게 2주일이 지나자 상대방에서 미팅을 허락해주었다. 상대해주지 않으려는 사람을 설득하기란 쉬운 일이 아니다. 아침저녁으로 인사를 하러 다니는 내 마음은 한없이 불안하였다. 그래도 했다. 나의 가족, 회사 직원들이 나만 쳐다보고 있다. 내가 무너지면 가족도 무너진다는 절박한 마음으로 해냈다. 나의 끈질긴 노력이 상대를 감동시켰고, 그는 나의 중요한 고객이 되었다.

'용기'는 내 인생의 키워드이다. 용기를 내면서 당당하지 못한 나의 인생이 바뀌었고, 많은 것을 이루었다. 어릴 적부터 가슴에 쌓인 울분, 열등감, 적개심, 불만, 이 모든 음성적인 마음을 용기를 통해 발전적인 에너지로 바꾸었다. 나는 안다. 한 번의 용기가 인생을 어떻게 바꿔놓는지를. 사업으로 힘들어하는 후배들이 찾아오면, "힘들어도 용기를 내라"고 말한다. 용기만이 인생을 바꿔줄 수 있다고 힘주어 강조한다.

이제 돌이켜 생각해보니, 나의 성장 뒤에는 아버지가 계셨다. 나를 농부로 키우려 했던 일, 나에게 공부할 기회를 주지 않았던 것이 당시에는 못내 원망스러웠지만, 이마저도 어린 시절의 감정이었다. 나는 아버지에게 엄격함과 완벽주의를 배웠고, 아버지의 습관을 사회에 실천하면서 성공이라는 결과를 얻게 되었다. 사회에서 무슨 일을 하느냐는 사실 중요하지 않다. **어떤 마음, 어떤 자세로 일하느냐가 중요하다.** 그래서 아버지께 감사하다. 아버지는 나의 가장 큰 스승이셨다. 이 사실을 이제야 깨달은 것이 죄송스러울 따름이다.

두 번째 기회

작은 배려가 만드는 큰 찬스

인생의 큰 기회는 보통 첫 번째가 아니라 '두 번째'에 온다. 회사에서 일을 하건, 사업을 하건, 누구나 사람들과 관계를 맺고 일과 돈을 주고받는다. 누군가를 소개받고, 그에게 일을 줄 때 그 누구도 처음부터 '큰 건'을 넘기지는 않는다. **작은 것을 주고, 기대보다 더 좋은 결과를 얻을 때, 이어서 큰 사업을 수주받게 된다. 그 큰 거래가 바로 '두 번째 기회'이다. 이 두 번째 기회가 인생을 바꿔주곤 한다.**

내 인생도 마찬가지였다. '인력 아웃소싱'이란 개념조차 미미했던 20년 전, 경남 창원의 작은 상가의 용역 업무를 맡게 되었다. 나는 사장이라는 생각을 버리고, 청소부터 보일러 관리까지 일일이 챙겼다. 사장이 뛰어다니자 고객사 관리자가 이렇게 물었다.

"사장님이 직접 일을 하십니까?"

나는 "네, 상황에 따라 무엇이든 해야죠"라고 대답했다. 그러니 직원들도 신경을 더 써서 일을 할 수밖에 없었고, 그렇게 일을 하자 사업이 계속 성장했다.

상가에 이어서 수주한 용역은 아파트 관리였다.

당시 경남 지역에 2천 세대 규모의 아파트 단지가 있었다. 그 아파트 용역을 반드시 수주하고 싶었다. 대단지 아파트 관리 용역은 진입 장벽이 매우 높다. 자격도 까다롭고, 기존 업체가 쉽게 포기할 리도 없었으니, 사업 초년병이었던 나에게는 꽤나 높은 벽일 수밖에 없었다.

내가 할 수 있는 일은 아파트 용역 사업과 관련 있는 인물들을 만나서 "열심히 할 테니 일을 맡겨주십시오"라고 설득하는 것뿐이었다. 당시에는 밤낮없이, 사람 가리지 않고 참 열심히 뛰어다녔다. 그러자 어느 순간 그 아파트 용역 사업이 실제 내 손에 쥐어졌다.

그 이후에도 노력을 게을리하지 않았다. 아파트 건설로 유명한 어느 건설회사 대표를 만나기 위해 그 집 앞에서 2주일 동안 기다린 적도 있다. 그 대표는 내 노력에 감동해서 일면식도 없는 나에게 큰 일거리를 주었다. 이런 일로 업계에 내 이름이 알려지기 시작했고, 큰 용역은 거의 다 나에게 의뢰가 들어왔다. 그 시기에 내 사업의 틀이 만들어졌다. 상가 용역에서 시작해 아파트 용역이라는 '두 번째 기회'가 인생을 바꾸어놓은 셈이다.

처음 창업하는 후배들에게 해주는 이야기가 있다. '회사가 아무리 작더라도, 공문 한 장, 명함, 회사소개서, 홈페이지 등 사소한 작은 것을 잘 만들어놓아야 한다'는 말이다. 고객은 이러한 작은 것에서부터 평가를 시작하기 때문이다. 그리고 또 이야기하고 싶은 것은 '작은 일이라도 최선을 다해야 한다. 그래야 인생을 바꿔줄 두 번째 기회가 시작된다'이다. 이런 노력이 처음에는 별 성과가 없는 듯 보일 수도 있다. 그러나 전혀 소식이 없다가 첫 인연 이후 10년 넘어서 일이 이루어지는 경우도 많다.

사람들은 종종 빠른 시간 안에 좋은 결과가 있기를 기대한다. 그러면 실망이 크다. 사업을 하다 보면 다양한 고객을 만나게 된다. 새로운 고객과 신뢰를 쌓아가는 데에 몇 년이 걸린다. 첫 번째 인연을 소중히 여기고 오래 기다려야 두 번째 큰 기회가 찾아온다.

그런데, 아쉽게도 대부분의 사람들은 첫 인연의 소중함을 잘 깨닫지 못하는 경우가 많은 것 같다. 바로 앞의 이익만 눈에 들어온다. 좋은 자리에 있을 때는 모르다가 퇴직할 때 깨닫기도 한다. 그러나 그때는 늦다. 지금 바로 옆에 있는 사람부터 소중하게 생각하라. 그 사람으로 인해 인생이 바뀔 수도 있다.

얼마 전, 다른 용역회사 소속 직원들이 많이 근무하는 현장을 승계받는 과정에서 있었던 일이다. 그들은 소속감은 물론이고, 직장인으로서 갖추어야 할 기본적인 매너도 없었다. '자르려면 자르라'는 식으로 멋대로 행동했다. '어차피 박봉이고, 이런 일은 어디에 가도 할 수 있다'고 말하는 듯 보였다.

그들의 태도도 이해는 갔다. 세상으로부터 상처를 많이 받았을 것이다. 그동안 임금 착취를 당한 경험도 있을지 모른다. 그러나 아쉬움이 많이 남았던 것도 사실이다.

얼마 전 지인들과 운동을 갔다. 이십대 초반으로 보이는 캐디가 진행을 도왔다. 운동을 여러 번 했지만, 그 캐디는 참 인상에 남았다. 어린 나이임에도 우리를 참 많이 배려해주었고, 힘든 상황에서도 미소를 잃지 않았다. 그래서 "배려하는 모습, 밝은 모습이 참 보기가 좋다"고 이야기해주었다. 그녀는 "너무 감사합니다. 영원히 기억하겠습니다"라고 답했다. 그냥 지나칠 수도 있지만 꼭 칭찬해주고 싶었다. 그 짧은 대화가 상대에게 큰 힘이 될 수 있다고 생각했다.

그 젊은 캐디의 모습이 지혜롭고 현명한 행동이다. 고객들에게 친절하고 밝게 대하면서 스스로 빛을 얻고, 긍정적으로 일하면서 본인의 마음도 좋아진다. 고객으로부터 칭찬을 들어 좋고, 회사에서 인정받아 좋다.

힘들다고 외부로 표현해서 득이 될 게 없다. 어차피 해야 할 일이라면 기분 좋게 하자. 그래야 조직에서 좋은 평가를 받고 다음에 더 나은 기회를 얻을 수 있다. 이 세상 모든 사람이 그렇게 하나씩 성장해서 성공했다. 지금 작은 일을 하고 있다고 계속 그러라는 법은 없다.

작은 것을 챙기려는 마음이 중요하다. 성실함에 감동한 상대가 큰 기회를 주는 경우를 주변에서 자주 보게 된다. 마찬가지로, 좋았던 관계가 작은 배려를 못해서 깨지는 경우 역시 적지 않다.

눈에 보이는 이익이 없으면 움직이지 않으려는 사람들이 있다. 언뜻 보면, 실속을 챙기는 것처럼 보이지만, 그런 사람에게 큰 기회는 찾아오지 않는다. 상대는 보이지 않는 곳에서 예리한 눈으로 지켜본다. 작은 실수, 무의식적으로 한 행동을 보고 전체를 판단한다. 당장 이익이 아니더라도 어떤 제안이 들어오면 성심성의껏 응해야 하는 이유가 바로 여기에 있다. 그런 사람에게 기회가 찾아온다.

기회는 멀리 있는 게 아니다. 늘 우리 곁에 있다. 한 번에 큰 것을 원하기 때문에 보이지 않을 뿐이다. 필요한 것은 노력이다. 열심히 노력해서 기회를 가지려고 하는 사람이 있는가 하면, 노력하지 않으면서 기회를 기다리는 사람도 있다. 천운을 타고난 사람이 아니라면, 후자에게는 절대로 기회가 주어지지 않을 것이다.

선입견도 한몫한다. 실패한 경험이 머릿속에 굳어져 기회가 왔을 때 멈칫거린다. 그 순간 기회는 지나가버린다. 좋은 기회를 자기 것으로 만들기 위해서는 '안 된다'는 마음이나 '왜 아직도' 같은 초조한 마음은 버려야 한다.

잠자고 있는 열정을 깨우고 작은 배려로 '두 번째 기회'를 꼭 잡아라!

관찰觀察

등잔 밑을 밝혀라!

사업을 하다 보면 가장 많이 떠오르는 말이 '등잔 밑이 어둡다'라는 속담이다. 어쩐 일인지 우리의 주요 고객사는 대부분 먼 곳에 있다. 거리가 가까운 회사는, 그게 이유가 되어서 오히려 기회를 놓치는 경우가 많다. 바로 옆에 있음에도 불구하고, 영업 한 번 시도하지 않은 회사도 있다. 등장 밑만 잘 관리해도 기본은 할 수 있을 것 같은데 그게 잘 안 된다. 왠지 솔루션은 먼 곳에 있을 것 같기 때문이다.

조직 내부에 걸림돌이 있는 경우에도 기업이 발전하기 힘들다. 맹구주산猛拘酒酸이라는 말이 있다. 술장수가 키우는 개가 주인 앞에서는 꼬리를 흔들고 충성을 다하지만 술 먹으러 오는 고객들에게는 사나워서 손님을 내쫓는다는 이야기다. 중국 송나라 한비자가 '나라를 위해 어진 신하가 기용되지 못함'을 비유하며 한 말이다. 아무리 옳은 정책을 만들어도 조정 안에 사나운 간신배가 있으면 군주에게 아뢰지 못한다는 의미이다.

이런 일은 일반 조직 안에서도 빈번하게 일어난다. 리더 앞에서는 온갖 일을 열심히 하는 척하며 충성을 다하는 모습을 보이나 리더가 자리를 비우면 조직에 전혀 도움이 되지 않는 행동을 하는 직원들이 있다. 그래서 좋은 직원을 낙오자로 만들지 않는지, 무능한 직원을 영리한 직원으로 착각하지 않는지 등잔 밑을 냉정하게 바라봐야 한다.

'깨진 유리창 이론'이라는 것이 있다. 1982년 범죄학자인 제임스 윌슨과 조지 켈링이 주장한 범죄심리학 이론인데, 낙서나 유리창 파손 등 경미한 범죄를 방치하면 결국 큰 범죄로 이어지게 된다는 내용이다.

범죄심리학에서 출발한 이 이론은 기업의 조직 관리에도 적용될 수 있다. 조직에서 발생하는 사소한 잘못에 관대하게 대처하다 보면 나중에 치명적인 문제가 될 수 있다. 친목을 다지는 동호회와 달리 회사라는 조직에는 '긴장'이 필요하다. 사소한 잘못을 엄하게 처벌하는 것도 문제일 수 있겠지만, 사소한 잘못들을 장기간 방치하다가는 엄청난 피해를 입을 수 있다.

나는 몸이 좀 이상하면 일단 큰 병원보다는 개인병원을 찾는다. 처음부터 종합병원에 가는 것은 서로 부담스런 일이라는 생각 때문이다. 그러나 개인병원에 가면 만족도가 떨어지는 것도 사실이다. 의술에 대한 이야기가 아니다. 서비스가 부족하다.

지난 해 어느 개인병원을 찾았을 때의 일이다. 위치를 문의하려고 전화를 걸었더니 팩스로 연결되었다. 전화국에서 안내받은 번호였다. 그 병원에 꼭 갈 요량으로 인터넷 검색을 통해 겨우 병원을 찾았다. 직접 가보았더니, 역시 예상대로였다. 병원은 산만했고, 슬리퍼를 질질 끌고 다니는 간호사는 불친절했다. 병원 원장은 권위적이기까지 했다. 내가 병세에 대해서 말하고 있는데, 그 원장은 더 듣기 싫다는 듯 내 말을 끊었다. 어이도 없고 섭섭하기까지 했다. 의사에게 필요한 것은 의술만이 아니다. 작은 것부터 하나씩 챙겨야 큰 것을 이룰 수 있는 법이다.

고객에게 저지르는 사소한 실수가 기업 전체 이미지를 상하게 하는 예는 수도 없이 많다. 고객은 정말 예리하다. 식당에 들어가서 더러운 화장실이나 식탁을 보면 주방 내부까지 불결하다고 생각한다. 고객은 점점 줄어들 것이고, 그 식당은 문을 닫을 수도 있다.

별것 아니겠지, 상대가 모르겠지 하고 안일하게 생각하는 것일수록 무섭게 인식하는 상대가 있다는 것을 알아야 한다. 이 같은 작은 실수는 평소 습관이 그대로 반영된 것이다. 작은 잘못을 그냥 방치하면서 쌓인 버릇이 잘못 길들여진 평소 습관으로 나타나는 것이다.

대인관계도 마찬가지다. 사람들은 큰 것만 보고 상대방을 판단하지 않는다. 지키지 못한 사소한 약속 하나에 실망하고 이를 통해 인성을 평가한다. 사람에 따라서 '적당히 약속하면 되는 사람'과 '약속을 반드시 지켜야 하는 사람'으로 구분하게 되는 것이다.

적당히 약속해도 되는 사람으로 인식되고 싶은 사람은 없을 것이다. 따지고 보면 이 세상 모든 일이 그렇다. 사소한 원칙을 지키지 않아서 건강, 대인관계, 사랑 등 중요한 것을 잃곤 한다.

사람은 누구나 순간적으로 착각하거나 실수할 수 있다. 그 실수를 빨리 인정하고 바른 방향으로 움직여야 한다. 그렇지 않으면, 사소한 것, 별것 아닌 것 때문에 큰 기회를 놓칠 수 있다. **사람은 결코 큰 바위에 걸려 넘어지지 않는다. 작은 돌부리에 걸려 넘어진다.**

멀리 있는 것은 잘 보면서 정작 자기 자신과 주변은 제대로 보지 못하는 게 현대인의 몸에 밴 습성은 아닌가 생각하게 된다. 먼 곳에 있는 허황된 목표를 좇기보다는 현실에 충실하는 편이 진정한 발전을 이루는 기본은 아닐까? 등잔 밑부터 살피는 습관을 들이자.

선택選擇

기다리지 말고 스스로 선택하라

사람은 누구나 순간순간 갈림길에 서게 되고, 수시로 선택을 강요받는다. 그리고 그 갈림길에서 어느 길을 선택하는가에 따라서 결과는 완전히 달라진다.

그리고 그 과정에서 다른 이들로부터 야유를 받을 수도 있고, 선택 자체가 고통의 시작이 되기도 한다. 고생스럽더라도 안주하기보다는 최대한 '자신이 원하는 인생에 가까이 가는 길'을 선택해야 한다. 선택을 거부할 수는 없다. 어느 길도 선택하지 않는 삶은 인생이 아니기 때문이다.

나의 첫 직장은 내 마음에 들지 않았다. 명성이 낮아서가 아니었다. 오히려 누구나 가고 싶어 하는 공공기관이었다. 아무 사회 경력도 없는 내 입장을 감안하면 과분하기까지 한 직장이었다.

조직에서도 나를 꽤나 인정해주는 분위기였다. 전 직원 조회 시간에 공개적으로 지명을 받아 표창을 받기도 했고, 조직의 우두머리였던 원장이 개인적으로 선물을 보내주기도 했다. 칭찬도 많이 받았다. 그럼에도 불구하고, 나는 그곳이 마음에 들지 않았다. 그 이유는, 지금 사회 기준으로 보면 어이없어 보이기도 하지만, '너무 안정적'이어서였다.

분위기가 너무 느슨했다. 정년이 보장된 직원들 사이에는 매너리즘이 만연해 있었다. 직원들은 업무를 그때그때 처리하는 법이 없었다. 직원들은 일이 마무리되지 않아도 제시간에 퇴근을 했고, 삼삼오오 모여 거의 매일 술잔을 기울였다. 도전이나 경쟁이 없는 조직, 직원들의 유일한 낙은 소주 마시는 일뿐이었다. 누군가에게는 행복한 일터였겠지만, 일에 대한 열정이 끓어오르던 나에게는 감옥이나 다름없었다.

어느 날 갑자기 회사에 사직서를 제출했다. 그리고 밑도 끝도 없이 사업을 시작하겠다고 말했다. 동료들은 나를 뜯어말렸다. 사업은 아무나 하는 게 아니다, 이곳에 있으면 평생 먹고 살 수 있는데 왜 나가느냐며 나를 붙잡고 설득했다. 판에 박힌 그런 소리도 싫었다. 그래서 대응도 하지 않은 채 회사를 나왔다.

갈 길은 분명했다. 한때 삶에 용기도 자신감도 없었던 시절에는 편안한 조직에 의지해 살아가겠다는 생각을 안 해본 것은 아니지만, 이미 그런 생각은 오래전에 버렸다. 그길로 사업을 시작했다. 사람들은 나를 걱정했지만, 나는 오히려 새로운 세계를 만날 생각에 흥분했다. 물론 사직서를 제출하기까지, 고민의 시간은 꽤나 길었다. 수개월 동안 불면의 밤을 보냈다.

스스로 고민하고 선택했던 일, 지금도 참 다행이라 생각하고, 스스로 대견하게 생각하고 있다. 고민하지 않아도 선택의 순간은 다가온다. 그러나 고민하지 않으면 자기 의지와 상관없이 갈림길에 서게 되고 선택을 강요받는다. 그때는 어느 길을 선택해도 후회뿐이다. 자신의 삶은 자신이 만들어야 한다는 사실을 한시도 잊어서는 안 된다. **스스로 선택하지 않으면 선택당한다.**

요즘 젊은 사람들 중 결혼하지 않은 스펙푸어들이 많다. 한창 돈을 벌고 일을 해야 할 나이에 스펙 쌓기에만 여념이 없는 이들을 말한다. 결국 이들은 스펙을 쌓느라 취직도 못하고 결혼 시기도 놓친다. 사회가 필요로 하는 사람은 스펙이 높은 사람이 아니라, 의지를 갖고 스스로 맡은 일을 처리하는 독립심을 가진 사람임을 잊지 말도록 하자.

로버트 프로스트의 〈가지 않은 길〉이라는 시처럼 시간이 지나면 가끔은 선택하지 않은 그 길이 아쉬워지기도 한다. 그렇기는 해도 사업이라는 길을 선택한 이후 나는 단 한 번도 공공기관 생활을 그리워한 적이 없다. 한동안 하루에 한두 시간 자는 생활이 계속되었을 때도 내가 선택한 길에 대해 단 한 번도 후회한 적이 없다. 그건 내가 선택한 길을 믿고 더 많이 노력하며 당당하게 걸어가고 있다는 충만함 때문이다.

선택했으면 전력을 다해 뛰어야 한다. 멈칫하는 순간마다 많은 것을 놓치게 된다. 샌드백을 향해 손을 뻗을 때는 과감하게 뻗어야 하는 이치와 같다. 어차피 뻗어야 하는 주먹, 힘차게 뻗어야 다치지 않는다.

사람은 살다 보면 어쩔 수 없이 선택의 기로에 서게 된다. 그 선택을 스스로 먼저 해보는 것, 그게 진짜 멋진 인생이다.

순서順序

복잡한 문제를 푸는 열쇠

해야 할 일이 산적해 있으면, 우선순위를 정해서 하나씩 해결하자. 뒤엉킨 실타래 풀 듯이 먼저 실의 끝부터 찾아야 한다.

세상은 우리에게 계속 바쁘게만 살라고 한다. 우리 머릿속에는 직업인으로 해야 할 일, 가정의 일원으로 해야 할 일, 사회의 일원으로 해야 할 일들이 뒤엉킨 실타래처럼 아주 복잡하게 얽혀 있다. 정말 해야 할 일들이 많다. 무엇부터 시작해야 할지 몰라 혼란스럽다. 해결책이 있기나 한 것인지 모르겠다.

"삶의 격랑에 대처하려면 우선 직면한 난관을 이해하고 정리하는 방법부터 찾아야 한다. 그래야만 현재 우리를 짓누르고 있는 무력감에서 벗어날 수 있다. 통제할 수 없는, 심지어 이해할 수 없는 상황의 희생자라는 느낌은 하루 빨리 떨쳐버려야 한다."

영국의 경영 컨설턴트 찰스 핸디가 한 말이다. 요즘 젊은 사람들, 범위를 좁히자면 가정과 직장 모두에서 온갖 문제에 시달리고 있는 세대들이 공감할 수 있는 이야기가 될 것이다. 정말 모든 게 문제이고 고민이어서 무엇부터 어떻게 해야 할지 도무지 알 길이 없다. 답답하기만 하다. 살다 보면 그런 시기가 반드시 온다. 남자의 경우, 아이들이 한창 커갈 시기, 생활비는 계속 늘어나는데 소득은 소비를 따라가지 못하고, 일은 늘어나고, 부모님은 아프기 시작하고, 어떤 돌파구도 보이지 않을 때, 차라리 죽는 게 나을 것 같다고 느낄 때가 있다.

해야 할 일이 많다고, 많이 지쳤다고, 너무 힘들다고 일을 포기해서는 안 된다. 술에 의지하거나, 남의 탓으로 돌려서도 안 된다. 왜냐하면 그건 '기회를 놓치는 일'이기 때문이다. 해결해야 하는 일이 많다는 것은 기회가 많다는 것과 다르지 않다. 신은 이겨낼 수 없는 어려움은 주지 않는다고 했다. 그러니 힘들더라도, 그냥 모든 것을 놓고 싶더라도 해결할 수 있는 일이라는 생각을 가져보자.

헤쳐나갈 수 있는 방법은 있다. 아무리 일이 많고 복잡해도 순서를 정해서 하나씩 해나가다 보면 어느새 일이 해결된다. 복잡한 실타래를 풀 때 실 하나부터 조심스럽게 잡아당기는 것과 같다. 문제는 해야 할 일을 정리하고 우선순위를 정하는 일부터 엄두가 나지 않는다는 데 있다. 그저 해야 할 일의 양에 짓눌려 있는 것이다.

기업을 경영하면서 가장 좋아하게 된 말이 바로 '구조화構造化, structuralization'라는 말이다. 일에 억눌려 있지 말고 얽힌 일들을 한 번 시원하게 풀어보겠다고 마음먹은 이후부터 거짓말처럼 사업이 잘 풀리기 시작했다. 오히려 부분적인 일들이 서로 시너지를 일으킨다는 사실을 발견하게 되었다. 일이 복잡하면 할수록 매우 재미있는 결과물이 나온다는 사실도 알게 되었다. 이 재미를 알고 나면, 주어진 일이 복잡할수록 해결하는 재미를 맛보게 된다.

기업 경영을 대형 유조선을 건조하는 것에 비유해보자. 공기도 길고, 세부 업무와 투입 인력도 엄청나다. 어떻게 그 복잡한 일을 마무리하나 싶기도 하지만, 구조화하고 시스템을 만들고 나면 전문 인력이 알아서 일을 하게 된다는 사실을 깨닫게 된다.

기업 경영은 이보다 조금 더 복잡하긴 하다. 규모에 따라 더 세부적으로 부서를 만들어야 한다. 인사, 노무, 구매, 생산, 영업. 이것이 구조화이다. 일이 복잡하면 할수록 각 부서와 담당자의 업무를 언제 어떻게 진행할 것인지 계획하고 분산시키는 것, 이것이 바로 경영이다.

세상 모든 일에 모범 답안이 있고, 사회에서 정해놓은 대로 일을 해야 하는 것 같지만, 사실은 그렇지 않다. 그보다는 자신이 나름의 방법으로 일을 해결해내는 게 중요하다. 경험적 지식이 쌓여야 나중에 비슷한 상황이 닥쳤을 때 힘들지 않게, 이미 경험한 몸이 알아서 처리해주는 상황을 맞이할 수 있다. 이 자체가 바로 구조화이다.

해야 할 일이 많을 때, 그 무게에 짓눌리지 말고 종이나 노트북에 해야 할 일들을 정리해보라. 그리고 급한 순서대로 번호를 매겨보라. 그러면 놀랍게도 마음이 훨씬 편안해지는 것을 느끼게 될 것이다. 종이에 적은 일들은 어차피 해결해야 하는 일들이다.

아무리 급해도 동시에 여러 가지 일을 해결할 수는 없다. 그중에서 우선순위를 정하고 이미 못한 일에 대해서는 미련을 버리고 침착하게 일을 진행하면 된다. 연병장에 많은 병사들이 여기저기 흩어져 있을 때는 연단에서 아무리 목소리를 높여도 메시지가 잘 전달되지 않는다. 그러나 줄을 세워 정리하면 낮은 목소리로도 전달할 수 있다. 이처럼 일이 복잡하게 얽혀 있더라도 한 번 정리를 하고 일을 진행하면 모두 처리할 수 있다.

살다 보면 힘든 일은 반복해서 찾아오기 마련이다. 그렇다고 어렵고 힘든 일을 체념하고 포기하면 고통은 더 가중될 뿐이고, 결국 낙오자가 되고 만다. 아쉽게도 우리 사회는 그렇게 짜여 있다. 문제를 피하지 않고 끝까지 맞서면 해결책을 찾을 수 있다.

만석꾼에겐 만 가지 걱정, 천석꾼에겐 천 가지 걱정이라 했다. 적게 가진 사람은 걱정의 양이 적고, 많이 가진 사람은 걱정의 양도 많다는 이야기이다. 어찌 보면 걱정이 많다는 사실 자체가 감사한 일인지도 모른다.

계획 計劃

타인에게 인정받고
스스로 행복해지는 길

계획이라는 것은 삶의 부족한 부분을 보충하기 위해서, 또는 현재보다 나은 삶을 살기 위해서 해야 할 일을 체계적으로 정리하는 일이다.

스스로 세우는 계획도 있지만 학교에서나 사회생활에서 만나는 타인으로 인해 계획을 세워야 하는 경우도 많다. 학창 시절에는 선생님으로부터 학습 스케줄을 강요받고, 회사에 들어가면 목표와 실행 계획을 세워야 하고 조직으로부터 사업 진척 정도를 관리받는다. 이처럼 계획이란 단어는 평생을 따라다니며 인생에서 큰 비중을 차지한다. 어찌 보면 인생은 계획과 실천의 연속이라고도 할 수 있다.

그런데 우리는 계획을 세우는 일에 참 서툴다. 어설픈 계획 속에서 일을 하거나, 아예 계획 없이 일을 하기도 한다. 그게 다 이유가 있다.

학창 시절, 가장 행복한 날은 뭐니 뭐니 해도 방학이 시작되는 날이었다. 그 날은 산더미 같은 방학숙제는 안중에도 없이 그저 마냥 좋았다. 물론 방학식 하는 날에도 고비는 있었다. 방학을 어떻게 보낼 것인지 일일계획표를 만들고 담임선생님으로부터 허락을 받아야 집에 갈 수 있었는데, 문제는 선생님의 검열을 통과해야 한다는 생각 때문에 공부나 학습 시간을 무리하게 많이 집어넣는 데에서 생겼다.

오전 7시 기상. 아침 먹고 12시까지 집안 농사일 돕기. 오후 1시까지 점심 식사, 오후 6시까지 방학숙제. 저녁 먹고 7시부터 10시까지 공부. 이런 계획표를 짜는 아이가 나 혼자만은 아니었다. 고3 수험생도 아니고, 어린 친구들이 무슨 이유에서인지 성인들도 지키기 힘든 계획표를 짠다. 그러니 이렇게 만든 계획표를 지키지 못한 것은 당연한 일이다. 단 하루도 계획표대로 살지 않은 날도 있다.

가끔 성인이 된 이후에도 현실적인 계획을 세우지 못하는 이유가 어쩌면 어려서부터 무리하게 계획을 세우는 버릇을 들였기 때문이라는 생각이 들 때가 있다. '되든 안 되든 일단 질러보고, 안 되면 말자'는 식으로 일하는 버릇이 든 것도 바로 초등학교 방학식에서 계획표 짜던 습관이 이어진 것은 아닌지 모르겠다. 어린 나이에 왜 그런 계획표를 짜게 되었는지, 그 이유는 좀 더 고민해야 할 문제이지만 말이다.

계획은 인생을 살아가는 데 매우 중요한 설계이다. 설계도가 잘 만들어져야 근사한 집이 지어진다. 그러나 우리는 그 사실을 너무 잘 알고 있음에도 불구하고, 계획 세우는 일에 투자를 하지 않고, 행여 계획을 세워도 형식적이 되는 경우가 많다. 그럼에도 불구하고 인생은 잘 진행되길 바란다. 우리는 여전히 그저 바라면 이루어질 거라는 '기복' 문화에 젖어 있는지도 모르겠다.

이렇게 길들여진 탓일까? 주변 사람들 이야기를 들어보면 계획하는 일 자체가 힘들다고 말한다. 심지어 다이어리에 스케줄 정리하는 것도 버거워한다. 월 계획표에는 무엇을 적어야 하는지, 일 계획표에는 또 무엇을 적어야 하는지, 업무와 관련 없는 개인적인 일은 또 어디에 적어야 하는지, 다이어리를 펼치면 스케줄이 정리되는 게 아니라 오히려 머리만 복잡해진다. 어찌어찌 노력해서 다이어리가 원하는 대로 스케줄을 적어놓아도, 다시 열어보기가 싫다.

이런 이유로 다이어리를 버리고 기억력을 다이어리 삼아 살아가고 있는 사람들이 많다. 그나마 젊었을 때는 버틸 수가 있다. 하지만 중년 이후가 문제다. 약속도 많고 해야 할 일도 많은데 용도 폐기 수준까지 다다른 머리에 의지해 살다 보니 한두 번 실수하는 게 아니다. 가족 생일을 잊은 게 한두 번이 아니다.

"내게 나무를 베라고 8시간을 준다면, 그중 6시간은 도끼를 가는

데 쓰겠다."

에이브러햄 링컨이 한 말이다. 어떤 목적을 달성하고 생산적인 결과를 가져오기 위해서는 많은 계획과 준비가 필요하다는 의미이다. 계획하고 준비하는 시간이 부족하면 결과는 기대에 한참 못 미칠 것이다. 운동선수가 한 번의 올림픽을 위해서 얼마나 치열하게 준비하는가? 직장에 들어가기 위해서 유치원 때부터 대학을 졸업하기까지 얼마나 많은 밤을 새우는가? 현재 자기의 위치에서 성공하지 못한다해서 한탄하지 말고, 얼마나 계획하고 준비했는지 점검하는 것이 맞다.

계획하는 버릇을 기르자. 이거, 시작만 하면 인생이 달라진다. 나 역시 계획을 세우고 실천하는 버릇을 기르면서 사업도, 인간관계도 모두 좋아졌다.

나 역시 사업하기 전에는 계획이란 것이 별로 없었다. 그러나 막연하게라도 무엇이든 이루겠다는 마음은 늘 품고 살았다. 그러다 사업을 하면서 목표가 있어야 방향을 설정할 수 있고 조직이 그 방향으로 움직이게 된다는 사실을 알게 되었다. 또 정해진 시간에 많은 사람을 만나야 하고 자기계발도 해야 하니 시간 계획을 잘 세우지 않으면 안 된다는 사실도 깨달았다. 그래서 계획 세우는 버릇을 들이게 되었다. 계획을 세우다 보니 일이 잘 풀렸고 삶도 많이 바뀌었다.

계획은 수시로, 그리고 세밀하게 세울수록 좋다. 장기 계획, 1년 계획, 6개월, 1개월, 일주일, 1일, 시간 계획까지 짜야 시간을 밀도 있게 쓸 수 있고, 계획이 빛날 수 있다. 혹시 노력은 했지만 계획대로 실천하지 못했다 해도 자책할 필요는 없다. 계획을 세웠다는 사실이 더 중요하기 때문이다.

사람의 한계는 분명하다. 보통 사람들은 동시에 두 가지 일을 잘할 수 없다. 하나를 해결하고 나서야 다음 일을 할 수 있다. 그래서 '하나씩 하나씩'이 중요하다. 해결해야 할 문제는 산적해 있고, 시간은 항상 부족하다. 계획이 필요하다.

많은 사람들이 계획대로 움직이지 못하지만, 성공한 사람들은 대체로 계획대로 움직이는 사람들이다. 작은 일이라도 반드시 실행에 옮길 수 있는 계획을 세우는 게 중요하다. 작은 일도 계획을 세우고 실행에 옮기다 보면 당연히 결과가 좋아진다. 학창 시절부터 인생의 목표를 정하고, 그 목표대로 계획을 세우고 노력하면, 설사 계획대로 실천하지 못하더라도 속이 꽉 찬 인생이 될 수 있다.

계획을 세우고 실행에 옮기는 것은 기본적으로 자신을 위한 일이지만, 상대로부터 많은 신뢰를 얻는 일이기도 하다는 사실을 기억하자.

삶에서 일어나는 일이라는 것이 아무리 노력해도 완전하게 해결되는 일도 없고, 딱 떨어지지도 않는다. 미진하면서 계속 이어진다. 그러니 현재 진행하고 있는 일이 해결되지 않는다고 멈춰서는 안 된다. 오늘 미진하더라도 최선을 다하면서 또 새로운 일을 계획하고 도전하는 게 인생이다. 오늘 하루 실망하지 않은 삶을 만드는 게 중요하다.

계획은 나이와 현재 하고 있는 일에 따라 다르다. 직장인들은 사십대 후반부터는 대부분의 조직에서 나와야 한다고 가정을 할 때 제2의 창업이나 다른 직업을 준비하고, 건강 관리와 자기계발 계획을 세우고 실행에 옮겨야 한다. 오십대에는 육십대, 칠십대, 팔십대를 맞이할 준비를 해야 하며 또한 나이대별로 각각 하는 일과 운동이 다를 것이다. 칠십대, 팔십대에 오십대처럼 일할 수도, 운동할 수도 없는 법이다. 계획도 없고, 준비도 없는 인생의 노후는 정말 쓸쓸하게 될 것이다.

3

자아

지금

깨어

있습니까?

질문質問

인생을 바꾸는 위대한 질문

스스로에게 물어본다. '나는 언제부터 이토록 간절한 사람이 되었을까?'

누구나 한두 번쯤 사회가 정한 틀이 몸에 맞지 않아서 불편함을 느낀 적이 있을 것이다. 특히 젊은 시절에 크게 느낀다. 아직 사회를 모르니 사회가 만들어놓은 법, 규칙, 규범이 불편할 수밖에 없다. 그래서 저항도 하게 되고, 간혹 사회에 물의를 일으키기도 한다.

나 역시 그랬다. 한동안 특별한 이유 없이 연이어 폭음을 하고, 싸움도 했다. 세상 모든 게 못마땅했다. 이런 불안정한 삶은 군 복무 시절 정점에 달했다. 입대 전날까지 술에 취해 사고를 쳤고, 그 후유

증으로 훈련소에서 고생을 많이 했다. 주특기 교육 시기에는 열심히 교육을 받아서 8주간 '학생장'을 맡기도 했지만, 좋은 시절은 그리 오래가지 않았다. 자대 배치 이후 시도 때도 없이 이어지는 구타에 다시 예전처럼 목표 없는 인생으로 돌아가고 말았다. 하루도 거르지 않았던 선임들의 구타는 정말 참기 힘들었다. 왜 이유 없이 맞아야 하는지 참 답답했다. 한 번 마음이 떠나자 모든 게 하기 싫어졌다. 딱딱한 규정, 군대식 말투, 일률적인 복장까지 마음에 드는 게 하나도 없었다. 땀 흘리며 훈련하는 것도 싫었다.

일이 주어지면 무조건 아프다며 전열에서 이탈했다. 꾀병의 시작이었다. 급기야는 없는 병을 만들어서 몇 달씩 입원을 하기도 했다. 그야말로 시간만 때우며 군 입대 후 1년여 시간을 무의미하게 보내게 되었다. 병원에서 치료를 마치고 자대로 돌아왔다. 동료들은 나를 '없는 전력戰力'으로 여겼다. 아무도 나에게 관심을 보내지 않았다. 당연한 일이었다. 군생활에 마음 없는 놈에게 애정을 쏟을 리 없었다. 스스로 너무 불행하다고 생각했다. 가슴속에서 울림이 들려온 것도 그때였다.

'다른 사람들은 힘들어도 인내하고 있는데, 왜 나 혼자만 따라가지 못하는 거지?'

이 하나의 질문이 나를 흔들었다. 누가 날 붙잡고 이야기한 것도 아니고, 혼을 낸 것도 아닌데, 숨도 쉴 수 없을 만큼 부끄러웠다. 그리고 비로소 인생을 허비하는 것도 잘못이라는 것을 깨달았다.

바로 그 순간 나는 완전히 다른 사람이 되었다. 힘들어도 인내하고, 모든 순간을 긍정과 열정으로 훈련에 임하기 시작했다. 주변 여건이 달라진 것은 하나도 없었다. 단지 마음을 바꾼 것뿐이다. 그러자 힘들게만 여겨졌던 군생활이 즐거워졌다. 내가 바뀌자 주변의 시선도 바뀌기 시작했다. 스스로에게 질문을 던진 그 순간이 나에게는 '마일스톤milestone(이정표. 인생을 바꾸어주는 획기적인 순간)'이었다.

우울, 불안, 초조, 분노가 긍정으로 전환하면서 마치 용수철이 반발에 의해서 튀어나가는 것처럼 엄청난 에너지가 되었고, 그 힘으로 삶이 바뀌었다. 나는 '할 수 없다'를 말하는 사람에서 '할 수 있다'를 외치는 사람이 되었고, 우울했던 얼굴, 용기 없던 얼굴이 자신감 가득한 얼굴로 바뀌었다. 얼굴에 미소가 가득했고, 무엇이든 할 수 있다는 자신감으로 충만했다. 내 마음은 무쇠도 녹일 수 있는 용광로처럼 열정으로 가득 찼다. 늘 꾀병으로 전열에서 이탈하던 병사가 최고의 모범 병사가 된 것이다.

그즈음 유격훈련이 있었다. 1년 전 유격훈련에서는 꾀병을 핑계로 취사장 사역과 화장실 청소를 하며 훈련을 받지 않았지만, 마음을 바꾼 이후 4박 5일 유격훈련 기간 동안 전체 병사 중 가장 열심히 훈련에 임했다. 마음을 바꾸니 그 어렵다는 유격훈련이 즐겁기까지 했다.

몇 개월 후 부대에서 체육대회가 열렸다. 나는 씨름 종목에 참여했다. 오랜만에 잡은 샅바였지만 한두 번 힘을 써보니 예전 실력이 나오기 시작했다. 나의 활약으로 우리 중대가 씨름에서 전승으로 우승했고, 그 덕분에 종합우승도 차지했다. 동료들이 나를 얼싸안았다. '이 맛에 사는 거야!' 이런 생각을 처음으로 해보았다.

나의 긍정적인 변화는 사회생활로 이어졌다. 주변 환경을 탓하지 않고, 스스로 환경을 개척하면서 사는 인간이 되었다. 그리고 30년이 지난 지금까지 그 마음을 잊지 않고 살고 있다. 바로 지금 주변 사람들로부터 성공했다는 소리를 듣고 있는 것도 그 시절 깨달음 덕분이라고 생각한다.

살다 보면, 힘들 때도 있고, 아무리 노력해도 좌절만 맛보는 시기도 있다. 앞이 보이지 않아서 가슴만 칠 때도 있다. 너무 힘들면 조용한 장소를 찾아 눈을 감고 삶을 되돌아보자. 그리고 자기 자신에게 이렇게 물어보자.

'지금 현재 어디에 있으며, 앞으로 어디로 가야 하는가? 어차피 해야 할 일이면 스스로 해결해야 하지 않을까? 모든 일에 긍정적인 자세로 임해보는 것은 어떨까?'

이것 하나만 깨달으면 된다. 여기에서 희망이 솟고, 놀라운 변화가 시작된다. 그동안 안 좋게 생각해온 상황들이 거짓말처럼 긍정의 상황으로 바뀌고, 기회가 보이기 시작한다. 나중에 돌아보면 바로 그 순간이 인생의 획기적인 변화를 준 순간, 바로 마일스톤이라는 사실을 알게 된다.

질문의 힘은 위대하다.

자각自覺

잠자는 자신을 깨워라!

사람들에게 꿈이 무엇이냐고 물으면 대부분 약속이나 한 듯 "평생 먹고 살기 부족하지 않을 만큼 돈을 번 다음에 해외여행이나 하면서 편하게 지내는 것"이라고 말한다. 이 말 안에 결국 머무르고 싶은 마음이 들어 있는 셈이다. 하지만 머무르길 원하는 순간 '삶의 퇴화'가 시작된다는 사실은 좀체 인식하지 못한다.

사람은 마음가짐에 따라서 일찍 늙기도 하고, 오랫동안 젊음을 유지하기도 한다. 그래서 '마음의 나이'가 중요하다. 마음이 젊은 사람들은 대체로 안주하려 하기보다 계속 도전하는 사람들이다. 정신을 계속 깨우치고 삶을 좋은 방향으로 계속 바꾸려는 사람들이다. 이런 사람들이 건강하게 오래 산다.

줄리아드 음대 강효 교수는 어느 인터뷰에서 영어 공부에 관련해 재미있는 이야기를 한 적이 있다. 인터뷰에서 그는 어려서 유학길에 올랐고 40년 넘게 미국에서 생활하고 있음에도 불구하고 여전히 사전을 들고 다니면서 영어를 공부한다고 말했다. 읽고, 쓰고, 말하는 것 모두 원어민 수준으로 할 수 있는 사람이 지금도 여전히 영어를 공부한다는 사실이 참 놀라웠다. 기자가 그에게 이유를 물었을 때, 강효 교수는 소년처럼 웃으면서 이렇게 말했다.

"보다 좋은 표현, 보다 고급스런 영어를 쓰고 싶어서 계속 공부하고 있습니다. 언어 공부에는 끝이 없습니다."

강효 교수는 1945년생이다. 우리 나이로 일흔이 다 되었지만 그의 외모는 여전히 사십대 정도로밖에 보이지 않는다.

반대 경우도 있다. 나이에 비해 훨씬 늙어 보이는 경우이다. 본래 노안을 갖고 있는 사람이나, 고생을 많이 해서 조로早老한 사람의 이야기가 아니다. 삶의 열정이 부족해서 늙은 사람 이야기이다. 그저 살아지는 대로 살고, 수동적인 생활 습관을 갖고 있고, 고정관념 속에서 인생을 허비하는 사람들은 의지가 점차 사라져서 새로운 것을 시도할 엄두조차 내지 못한다. 무슨 일을 하든지 이내 지치고 쉽게 포기한다. 일찍 늙는다.

'늘 잠자는 자신을 깨워라!'

나는 이 말을 스스로에게 자주 한다. 자신을 깨우는 일은 누구에게나 언제나 필요하다. 거리를 걸을 때, 자동차를 운전할 때, 잠자기 전, 언제 어디서나 좋다. 조용히 눈을 감고 자신을 돌아보라. 막연히 '열심히 일하자', 이 정도 다짐으로는 삶이 변하지 않는다. 열심히 일해야 하는 의미를 깊이 생각하고 스스로 납득하고, 가슴에 되새겨야 한다. 잠자고 있는 자신을 깨워야 한다.

어릴 때부터 일상생활에서 반복적인 학습이나 운동, 생활, 습관과 문화에 굳어지거나 사회가 정해놓은 시스템에 따라, 또는 상대가 하는 행동에 무의식적인 의사 결정을 내리는 경우가 많다. 이러한 무의식적인 의사 결정으로 인해서 많은 오류를 가져오기도 하고 목적하는 방향을 잘못 설정하기도 한다. 특히 경영하는 사람들은 회사 운영에 차질을 빚어 위기를 맞기도 한다.

지금 자신의 삶을 들여다보자. 노력하는 삶인가? 아니면 정체한 삶인가? 자신의 삶을 냉정히 바라보라. 정체돼 있다는 생각이 들면, 바로 정신을 차리고 새로운 길을 향해 가라. 이렇게 수시로 자신을 점검하고 옳은 길로 인도하지 않으면, 인생은 깊은 수렁으로 빠져든다. 그래서 인생에도 자동차처럼 정기점검과 수시점검이 필요하다.

엄청난 자원을 가지고 있는 지구의 내면처럼 사람에게도 누구에게나 무궁무진한 재능이 매장되어 있다. 그 잠재돼 있는 능력을 꺼내 쓰는 사람이 사회의 리더가 된다. 과학, 예술, 문화, 정치, 경제 등 분야를 막론하고, 인류의 문명을 이끈 사람들은 모두 자신의 잠재 능력을 개발하고 발전시킨 사람들이다.

이러한 잠재 능력을 개발하기 위해서 수시로 자신의 현재 존재 상태를 확인하라. 내가 무슨 생각을 가지고 있는지 나의 능력에 대해서, 나의 마음이 용기를 잃고 체념하거나 포기하고 있지는 않은지, 자신이나 세상을 부정적으로만 바라보는지, 본인 스스로 하고자 하는 목표와 꿈의 방향이 맞는지, 하고자 하는 일이 바람직한 것인지 확인하라.

쉴 새 없이 흐르는 물이 썩지 않는 것처럼 사람의 마음도 정체되는 순간 추락하기 시작한다. 그래서 매일, 매시간 마음을 전환하려고 노력해야 한다. 그래야 실천 의지가 생기고, 삶이 바뀐다.

나는 군생활을 할 때 수송부에서 근무했다. 당시에는 차에 오를 때마다 '졸면 죽는다!' '달리면 죽는다!'는 구호를 외쳤다. 이 몇 마디 외치는 게 별것 아닌 것 같은데 내 삶의 태도를 바꾸는 말이 되었다. 삶에 긴장이 생겼기 때문이다.

어느 어르신이 "한 번 누우면 일어나기 어렵다"고 말한 적이 있다. '몸을 게을리 두면 삶이 끝날 수 있다'는 위기감을 표현한 것인데, 나에게는 참으로 큰 자극제가 되었다. 삶에 긴장을 주어야 한다는 절박한 소리. 이후 나는 마치 군대 시절 '졸면 죽는다!'는 구호를 외친 것처럼, 이 말을 '노력하지 않으면 죽는다!'로 연결시켜 수시로 마음에 채찍질을 한다. 게을러지기 시작하면 추락할 수 있다는 생각을 한 것이다.

내가 운동을 시작한 것도 이런 생각 때문이었다. 운동과 사업이 무슨 연관이 있을까 싶지만 참 많은 연관이 있고, 사업에도 많은 도움이 되었다. 매일 운동을 하면서 인생이 완전히 바뀐 것이다. 몸이 건강해지면서 생각이 건전해졌고, 머리가 맑아지면서 사업적인 판단도 잘할 수 있게 되었다. 한마디로 자신을 깨우게 되었다.

깨어 있지 않은 상태에서 일을 하면, 어려운 문제를 풀지 못한다. 그건 엄밀히 말해서 제대로 일하는 게 아니다. 뇌성벽력이 내리치면 그대로 앉아서 죽음을 맞이할 것이 아니라 어떻게 하면 안전한 곳으로 피할 수 있을지 생각해야 한다. 그러기 위해서는 수시로 질문을 던져야 한다. 내가 잘하고 있는지, 잘못하고 있는지 계속 질문하라. 풀리지 않는 문제들에 휩싸여 있다면 절박한 마음으로 깨달음을 얻어라.

그래서 나는 매 순간 자신에게 이렇게 말한다.

"잠자는 자신을 깨워라!"

결핍缺乏

인생을 바꾸는 '빛나는 자원'

"가진 것이 없기 때문에 마음껏 사업할 수 있었습니다."

누군가 나에게 '성공의 이유'를 물어보면 이렇게 말한다.

사업을 시작할 당시 나는 다른 사람에 비해 역량이 턱없이 부족했다. 그 결핍이 나에게는 에너지가 되었다. 결핍 때문에 포기한 것이 아니라, 부족함을 채우기 위해서 노력했다.

실제로 나는 또래에 비해 많은 것이 뒤처졌다. 대학 진학도 늦었고, 석사와 박사 학위도 꽤나 늦게 받았다. 남보다 뒤처졌다는 생각에 젊은 날에는 괴로운 적도 많았다. 그러나 그 괴로움을 괴로움으로 남겨두지는 않았다. 한시도 자기계발을 게을리한 적이 없다.

결핍은 간절함을 만들어준다. 나는 창업 초기에 혼자서 네다섯 사람 몫, 아니 그 이상의 업무량을 소화했다. 그 정도로 늘 절박했고, 불투명한 미래 때문에 잠을 이루지 못했다. 늘 회사 잔고殘高 때문에 조마조마했고, 직원들 급여만 제대로 지급되어도 눈물 나게 행복했다.

'무작정 도전'도 많이 했다. 어느 건설회사 오너를 한 번이라도 만나기 위해서 그의 집 앞에 2주일 동안 기다리기도 했고, 어느 대기업 공장장에게 전화를 걸다가 호응이 좋지 않으면 사무실로 찾아가 일을 달라고 매달리기도 했다. 이런 끈질김 때문에 상대로부터 싫은 소리를 들은 적도 있지만, 호감을 얻은 적도 많다. 일면식도 없는 기업 회장의 집이나 회사에 찾아가는 것은 쉬운 일은 아니다. 그만큼 절박했다. 그리고 그 간절함이 엄청난 에너지를 만들어냈다.

사업 초기에는 책상에 앉아서 전화하는 시간도 아까웠다. 시간을 절감하기 위해서 고객 현장이나 영업차로 이동하면서 전화를 하는 등 시간을 활용했다. 또한 운전하면서 메모도 하고, 해야 할 마음도 정리하고, 잘못된 것을 반성하며, 새로운 계획도 세우곤 했다.

나는 창업 초기에 드는 에너지를 '비행기 이륙'에 비유해 표현하곤 한다. 비행기는 이륙 시 그 짧은 시간에 전체 비행에 필요한 연료의 절반을 소비한다. 마찬가지로 조금만 삐걱해도 그대로 쓰러지고 마는 창업 초기에는 에너지가 많이 필요하다. 나는 절반이 아니라, 그 이상 소비한 것 같다. 내가 이처럼 에너지를 발휘할 수 있었던 것은 순전히 나의 결핍에 대한 인식 덕분이었다.

만델라는 이렇게 말했다.

"내가 만약에 감옥에 있지 않았다면 인생의 가장 어려운 과제, 즉 스스로를 변화시키는 일을 달성하지 못했을 것이다. 감옥에 앉아서 생각할 기회는 바깥세상에서 가질 수 없는 기회였다."

결핍을 성장의 기회로 바꾼 위대한 혁명가의 이야기이다.

누구나 언젠가는 직장을 나와야 한다. 사람은 언젠가는 죽는다는 사실이 100퍼센트 확정돼 있는 것처럼 회사를 그만두는 것도 시기의 문제일 뿐 누구에게나 적용되는 이야기이다. 그래서 회사에서 역할이 작아지기 시작하면 많은 사람들이 사업을 준비한다.

그런데 이상한 게 하나 있다. 사업을 계획하는 사람들 중에 주변의 실패담을 먼저 이야기하는 경우가 많다. '누가 어떤 사업을 시작했는데 1년 만에 전 재산이 날아갔다' '사업을 시작한 사람 중 50퍼센트가 5년 안에 포기한다'와 같은 흉흉한 이야기들이다. 통계적으로 틀린 말은 아닐 것이다. 하지만 사업을 시작하기도 전에 부정적인 면을 먼저 보는 것은 좋은 태도는 아니다.

나는 사업을 시작할 당시 이 세상 모든 게 사업 아이템으로 보였다. 눈에 보이는 것, 내가 경험하는 것은 전부 사업으로 만들고 싶었다. 음식점에 가면 외식업을 하고 싶었고, 호텔에 가면 레저 사업을 하고 싶었다. 그리고 다 잘할 수 있을 것만 같았다. 그래서 사업을 시작했고, 실패도 많이 했다. 그럼에도 불구하고 '모든 것은 사업이 될 수 있다' '무엇이든 무조건 잘할 수 있다'는 긍정적인 생각에는 변함이 없다. 이런 마음이 강한 사람은 사업에서도 성공할 수 있다고 생각한다.

잘나가던 연예인이나 국가대표 운동선수들이 실패를 하는 경우는 과거의 어렵고 힘든 과정을 잊고 잘나가던 시절의 영광에만 젖어서 자만했기 때문이다. 모든 게 마음가짐의 문제이다.

누구나 성공을 원하고, 이를 향해 달려간다. 그러나 성공에 이르는 사람은 많지 않다. 성실하고, 능력도 있고, 다 좋은데 2퍼센트가 부족하다. 그 2퍼센트가 마음가짐, 바로 정신력이다. 성공과 실패는 보이는 것의 차이가 아니다. 마음의 차이다.

명상瞑想

자신이 누구인지 알고 있나요?

온 정열을 다해서 몰입했지만 일이 마음대로 해결되지 않을 때가 있다. 스트레스를 심하게 받게 되고, 그 문제가 인생의 전부처럼 느껴질 때도 있다. 그럴 때에는 한발 뒤로 물러서서 마음을 비우고 자신의 내면을 바라보자.

창업 당시, 경험이 없다 보니 감당하기 어려운 일이 많이 발생했다. 그럴 때 나는 고민하며 힘들어하기보다는 마음을 정리하기 위해서 산에 올랐다. 이 습관은 나에게 큰 도움이 되었다. 지금까지 나는 수많은 고민과 부딪혔지만 대부분 산에서 마음을 정리하고 의사 결정에 도움이 되는 답을 찾았다.

산에 오르다 보면 숨이 턱밑까지 찰 때도 있고, 옷이 땀으로 흠뻑 젖기도 한다. 그런데도 정상에 오르고 나면 그렇게 좋을 수가 없다. 마치 다른 세상에 온 것 같다. 아니다. 사람은 본래 자연에 살았는데 언제부턴가 도시 속에서 살기 시작해 그런 생각이 드는 것이다. 이유를 알 수 없는 불안이 지속되는 것은 자연과 멀리 떨어져 있어서 그런 것인지도 모른다. 고민할 당시에는 그 문제가 내 삶의 전체인 것 같지만, 한발 떨어져 보면 그 정도의 무게는 아니라는 사실을 깨닫게 된다.

날을 잘못 잡으면, '도시 같은 산'을 경험하기도 한다. 밖에서 볼 때는 잘 모르지만, 막상 산에 가보면 사람들이 참 많이 찾아온다는 사실을 알게 된다. 사람을 피해서 산을 찾은 것인데, 오히려 사람들이 모이는 곳으로 오게 된 셈이다. 다른 사람들도 나와 같은 마음일 터였다.

이건 아니다 싶어서 등산 인파가 몰린 날에는 나 혼자만의 공간을 즐기는 방법을 하나 만들었다. 등산로를 따라 걷다가 인적이 뜸한 숲이 보이면 그 속으로 들어가는 것이다.

사람들 속에 있다가 갑자기 고요한 공간으로 들어가는 것은 독특한 체험이다. 나만의 공간이 생겼다는 뿌듯함과, 갑자기 외톨이가 됐다는 소외감을 함께 느낄 수 있게 된다. 주변이 조용해지면 바위 같은 곳에 가부좌를 틀고 앉아서 조용히 눈을 감는다. 그러고 나서 가능한 '무념無念' 상태를 경험해보려고 노력한다. 그러나 아직은 경지에 이르진 못한지라 이런저런 생각들이 불쑥불쑥 떠오른다. 혼란스럽고 거친 파도가 치기도 하지만, 어느 정도 시간이 지나면 마음은 잔잔한 호수처럼 된다. 그러면 지금까지 고민했던 것이 아무것도 아닌 것처럼 여겨진다. 지혜는 마음이 혼란스럽고 거칠게 출렁일 때보다 마음이 평온할 때 생긴다.

가장 먼저 떠오르는 것은 아무래도 가장 최근에 삶을 복잡하게 만들었던 일들이다. 한두 가지 해법으로 풀리지 않는 사업 문제가 대부분이고, 거기에 가정 문제도 몇 가지 있다. 그런데 명상을 하다 보면 놀랍게도 심한 스트레스였던 일들이 별일 아닌 듯 느껴진다. '그 문제는 이렇게 하면 되는 일이구나' 하고 이내 해법이 떠오른다.

고민의 시간이 지나가면 기분 좋은 것들도 떠오른다. 어릴 적 기억이 많이 난다. 나를 많이 사랑해주셨던 할머니의 미소도 떠오르고, 산에 나무를 하러 갔던 일, 학교 씨름대회에서 우승했던 일도 떠오른다. 내가 가장 행복했던 순간들이다. 이런 생각을 하고 있으면 마치 쿠션 좋은 침대에서 새 이불을 덮고 기분 좋은 꿈을 꾸는 것 같다. 가능한 오래 이대로 있고 싶다는 생각이 든다.

명상. 물론 진행하는 단계도 있고 수준이란 것도 있지만, 생각만큼 복잡하거나 거창한 게 아니다. 억지로 하려는 생각을 버리고, 숨이 들어오고 나가는 과정, 느낌 등을 바라보면 마음이 편안해진다.

살아가는 데 중요한 것은 마음 관리이다. 마음이 불안한 상황에서는 아무리 노력해도 성과를 내기 어렵고, 그 불안함 때문에 상대방도 떠난다.

마음을 다스리는 법은 사람마다 다르다. 누구는 운동을 하기도 하고, 누구는 기도를 하기도 하며, 누구는 불경을 읽는다. 나는 내 안의 나에게 집중하는 편이다. 마음이 다급하여 흥분되거나 침체될 때는 조용히 눈을 감고 누워서 팔, 다리, 손, 머리, 각 부위를 하나하나 떠올리며 그들의 역할을 생각한다. 그러면 그들이 나의 물음에 대답하고, 나의 몸이 나를 위해서 얼마나 노력하고 있는지 고마움을 느끼게 된다. 우리의 몸이 하나가 된다. 그 과정에서 내가 스스로 어떤 생각을 하고 무엇 때문에 흥분하고 있는지 근원이 떠오른다. 대체로 스스로 만든 불안이다. 이런 깨달음의 과정에서 욕심을 버리고 마음을 내려놓으면 원래의 나로 돌아오게 된다.

지친 마음을 달래고 잃어버린 '나'를 찾고 싶다면, 어렵게 생각하지 말고 가장 쉬운 방법으로 명상을 시도해보자. 자세를 바르고 편하게 하고, 호흡에 집중하면서 마음을 편안하게 해보자. 그러면 어느 순간 잡념이 사라지면서 명상이란 걸 하고 있다는 사실을 알게 된다.

명상은 다른 말로 '나를 바라보는 행위'라고 한다. 나에게 집중해서 내가 누구인지 바라본다고 해서 불교에서는 '관觀한다'라고 표현하기도 한다.

명상에 대한 책은 너무 많이 나와 있고, 명상에 대해 좋은 이야기를 하는 분도 많다. 개인적으로, 몇 년 전 소설가 전경린 씨가 어느 인터뷰에서 했던 명상에 관한 이야기를 좋아한다. 당시 그녀는 명상에 단단히 빠져 있었다. 네팔로 명상 여행을 다녀온 후 책을 출간하기도 했다. 그녀는 인터뷰에서 "최고의 여행은 실종"이라고 표현했다.

전경린은 특별한 목적지 없이 마음이 가는 대로 발을 옮기다가 카트만두의 어느 허름한 숙소에서 명상을 하다가 자신을 만났던 이야기를 꺼냈다.

"눈을 감고 나에게 집중하다 보니, 내가 내 몸에서 이탈되었고 명상을 하고 있는 내가 보였어요. 그 친구는 너무 외롭고, 힘들고, 불쌍하고, 예뻤죠. 너무 안쓰러워서 눈물이 쏟아졌어요. 내가 그 친구를 어루만져주었어요. 내가 사랑해줘야지요. 내가 나를 사랑하지 않으면 누가 나를 사랑해주겠어요."

실제 명상을 하다 보면 지나온 날들이 주마등처럼 스쳐 지나간다. 나 자신을 너무 학대했다는 생각이 들기도 한다. 무슨 일을 하든지 적당히가 안 되는 성격이다 보니, 몸이 고생하는 일이 많다. 일이든 운동이든 너무 열심히 하다 내 몸을 혹사시켰다는 생각도 든다. 때로는 나와 함께한 상대들에게 미안한 생각도 든다. 반성하고 바르게 살아야겠다는 다짐도 해본다.

명상을 할 때는 자기 자신에 집중하도록 한다. 공부를 할 때 옆에서 시끄러운 소리가 들린다. 그건 내가 시끄러운 곳에 있기 때문이지 시끄러운 소리의 잘못이 아니다. 상대를 알고 나를 알아야지가 아니라, 나 자신을 먼저 알아야 세상을 극복할 수 있다.

우리는 자신을 얼마나 알고 있을까? 모두 자기 자신만큼은 잘 알고 있다고 생각하지만, 정말 그런 것인지 곰곰이 따져보자. 그러면 자신이 낯설게 느껴질 것이다. 그런 자신을 한 번 더 바라보자. 안쓰러울 정도로 살려고 발버둥 치는 한 사람을 발견하게 될 것이다. 심장은 쉴 새 없이 움직여 온몸에 피를 내보내고, 그 피를 공급받은 뇌가 수만 가지 명령을 내리며, 몸 속 장기들이 각기 제자리에서 보잘것없는 생명 하나를 연장시키려 최선을 다하고 있다. 그렇게 열심히 생을 이어가고 있는데, 잘해줘야지. 명상을 하다 보면 참 좋은 생각이 많이 난다.

명상은 참 좋다. 삶을 정리할 수 있는 지혜를 얻을 수 있어서 좋다.

4

동료애

나만큼

중요한

당신이 있기에!

사회적 자본

일은 1등,
인간관계는 특등

'사회적 자본'은 사회활동을 하는 개인이나 조직 간에 신뢰를 바탕으로 한 지원관계가 형성되어 만들어진 자산을 말한다. 개인과 조직 간에 신뢰가 형성되려면 조건이 필요하다. 서로 존중해야 하며, 그를 위해서는 배려하고 양보하고 협력해야 한다.

사람은 가족, 친척, 동창, 직장동료 등 다양한 타인과 관계를 맺으며 살아간다. 하지만 그 모든 사람과 발전적인 관계를 형성하는 것은 아니다. 지속적으로 접촉하는 일부 관계만 신뢰하고 지원하며, 일부에게만 지원을 요청한다. 그렇게 만들어지는 유대관계가 '네트워크'이고, 그 네트워크를 통해 만들어진 자산이 사회적 자본이 된다. 사람은 단순히 혼자 일해서 먹고 살아가는 게 아니다. 일을 하려면 누군가로부터 일을 받아야 하며, 사람들과 계속 좋은 관계를 맺어야 더 나은 일을 할 수 있다. 그래서 사회적 자본이 매우 중요하다.

사회적 자본은 단순히 비즈니스 확대나 매출 증대에만 기여하는 것은 아니다. 사회의 직면한 문제를 해결하고 공동의 목표를 향하여 나아갈 수도 있다. 사회의 변화나 발전은 결국 같은 뜻을 가진 사람들이 만들어가는 것이라는 점을 감안하면 사회적 자본의 중요성이 새삼 크게 느껴진다.

이처럼 사회적 자본은 개인뿐 아니라 공동의 발전을 이끌 수 있는 힘을 가지고 있다. 사람들 사이의 협력을 가능케 해서 조직과 사회의 발전을 이끌 수 있다. 네트워크가 단단한 공동체는 쉽게 무너지지 않는다. 최근 들어 국내 기업의 인재 육성 프로그램이 '인성'에 집중하기 시작한 데에는 이 같은 이유가 있다. 기업의 인재들이 조직 내 소통, 사회적 소통을 잘해야 궁극적으로 전체 매출이 증대한다는 사실을 깨우친 것이다. 이제는 인재를 평가할 때 단순히 자격증이나 스킬만 따지지 않는다. '사회적 능력'을 평가하기 시작한 것이다.

실제도 주변만 봐도 인재를 선발하는 기준이 많이 달라졌다. 경력이나 학력 못지않게 '성품'을 보려고 노력한다. 좋은 성품을 가진 사람이 커뮤니케이션 능력이 뛰어나서 사회적 자본을 만들 수 있고, 그러한 인재들이 조직에 도움이 될 수 있다고 판단하고 있다.

이런 변화는 어쩌면 이미 만들어져 있는지도 모른다. 직장생활의 꽃이라는 임원만 봐도 그렇다. 그냥 생각하기에는 똑똑한 사람, 성실한 사람, 배경 좋은 사람이 주를 이룰 것 같지만, 그보다는 인성과 더 깊은 관계가 있다.

나는 사람을 만나면 상대의 장점을 배우려고 애쓴다. 특별한 점이 있으면 기록도 해둔다. '성공의 이유'를 알고 싶었기 때문이다. 특히 기업의 임원들에게 관심이 많다. 기업에서 임원이 되는 일은 쉬운 게 아니다. 또 임원이 된 사람들에겐 반드시 특별한 점이 있다.

임원이 된 사람과 비슷한 경력에도 불구하고 임원이 되지 못한 사람에게 겉으로 보이는 차이는 없다. 동시에 도무지 좁혀지지 않는 차이 역시 존재한다. 바로 인성이다. 대체로 높은 지위로 올라갈수록 상대에 대한 배려와 겸손이 충만해 있다. 조직에서 성공한 사람들이 권위적이거나 개인주의 성향이 강할 거라는 것은 그야말로 선입견일 뿐이다. 대부분 인성이 좋다. 물론 간혹 지나칠 정도로 치밀하거나 이기적인 사람들도 있다. 그러나 그야말로 소수일 뿐, 대부분 인성이 매우 좋은 사람들이다. 인성이 좋다는 이야기는 네트워크가 단단해서 사회적 자본도 크다는 이야기이다.

사업에서 성공하기 위해서는 시대가 원하는 콘텐츠를 찾아내는 것도 필요하지만, 그보다 더 중요한 것은 인간관계이다. 개인이 가지고 있는 역량에는 한계가 있다. **좋은 사람이 옆에 있다면, 시간의 문제일 뿐이지 성과는 반드시 나타나게 돼 있다.** 돈 많은 사람보다 좋은 사람을 많이 가지고 있는 사람이 사업에서 성공할 확률이 훨씬 높다.

‘인간人間’이란 한자가 ‘사람과 사람 사이’, 즉 글자 자체가 관계를 포함하고 있듯이 인간관계 없이는 누구도 살아갈 수 없다. 대인관계 능력은 성공을 위해서 절대적이고 매우 중요한 사안이 될 수밖에 없다.

‘대인관계가 곧 직무의 성공’이라고 주장하는 전문가도 많다. 미국의 카네기 공대 졸업생을 추적 조사한 결과를 보면, “성공하는 데 전문적인 지식이나 기술은 15퍼센트밖에 영향을 주지 않으며, 나머지 85퍼센트가 인간관계였다”는 결론을 접하게 된다.

대인관계 능력을 보지 않고 직무 능력만으로 조직원을 평가했다가 낭패를 보는 경우가 있다. 우리 회사 영업부에 한 직원이 있었다. 그는 일을 잘하는 것처럼 보였다. 학별도 좋았고 아는 것도 많았다. 그에게 기대가 컸던 나는 큰 역할을 맡겼다. 그는 사업을 수주하기 위해 수년 동안 뛰어다녔다. 그러나 그는 어떤 사업도 수주하지 못했다. 나중에 알고 보니, 그는 겉으로 보이는 것에만 치중하는 사람이었으며, 도무지 주변 사람들과의 관계에 내실을 기하지 못했다. 그에게 일을 맡기는 사이 꽤나 많은 비용을 허비하고 말았다.

중견 기업을 성공적으로 이끌고 있는 어느 전문경영인이 나에게 이렇게 말한 적이 있다.

“스스로 성공한 경영자는 임직원에게 화려한 스펙을 원하지 않아요. 화려한 스펙을 원하는 경영자는 경영을 잘 모르거나, M&A를 통해 기업을 인수했거나, 부모로부터 기업을 물려받은 사람들입니다. 실제로 제 공장에서 핵심 기술을 개발하는 책임자의 학력은 고졸입니다. 그가 기술사들에게 업무를 지시합니다."

사람을 볼 때 겉모습만 보면 오류가 발생한다는 이야기이다.

리더는 측근들을 더 세심하게 관찰해야 한다. 스펙이나 경력을 떠올리며 선입견을 가져선 안 된다. 객관적으로 보라는 의미이다. 한 번 마음에 들었다고, 무한정 신뢰를 보내는 것은 특별히 자제해야 한다. 본인의 나쁜 습성은 숨기고, 좋은 것만 드러내고 싶은 것이 모든 사람들의 공통된 마음이다. 상대를 제대로 보기 위해서는 '지금 상대가 장점만 강조하고 있는 상태'라는 사실을 염두에 두어야 한다. 눈에 보이는 것만 철석같이 믿다가는 믿는 도끼에 발등 찍히는 상황을 맞이할 수 있다.

직원을 고용할 때나, 사업상 인간관계를 맺을 때에는 한 사람 한 사람 고민과 고민 끝에 만나야 한다. 이 고민은 아무리 많이 해도 부족함이 없다. 이 고민 없이 파트너가 돼서 일한 사람치고 끝이 좋았던 적이 없다. 그래서 나는 우리 직원들에게 다음과 같은 사람이 되라고 말한다.

"일은 1등, 인간관계는 특등!"

힘들더라도 고민한 만큼 보상이 돌아오는 게 인간관계이다. **사업은 매출로 귀결되지만, 매출을 만들어주는 것은 사람이라는 사실을 잊어서는 안 된다.** 사회적 자본을 만들 수 있는 사람인지 아닌지 볼 줄 알아야 한다.

인간관계를 맺을 때 손해의 경제학을 떠올리고, 사업을 진행할 때도 손해의 경제학만 잘 적용해도 성공은 자연스럽게 따라오지 않을까?

말의 무게

세상일은 말보다 마음

나는 말을 잘하는 편이 아니다. 말주변이 부족한 것은 사업하는 데에 마이너스 요인이 될 수 있다. 아무래도 말을 잘하면 상대를 설득하는 데 유리하기 때문이다. 나는 달변은 고사하고 눌변에 가까우니 사업하는 입장에서 참 불리한 셈이다.

솔직히 말솜씨가 없다는 사실이 괴로울 때가 많다. 사회생활을 하다 보면 이런저런 모임의 회원이 되어 정기적으로 참석을 하게 되는데, 그러면 꼭 모르는 사람들 앞에서 내 생각을 말해야 하는 자리가 생긴다. 길게 말해야 할 때도 있고, 잠깐 즉흥적으로 말해야 할 때도 있는데 그때마다 참 많이 당황하게 된다.

어느 모임이든지 말을 잘하는 사람들이 있다. 이런 사람들은 초기에 모임을 주도적으로 이끌고 초반 강자로 부상한다. 참 부럽다. 그런데 시간이 지나면서 그런 마음이 사라진다. 이런 사람들의 말을 자세히 들어보면 생각을 하고 말을 한다기보다 타고난 말주변으로 즉흥적으로 말하는 경우가 많기 때문이다. 틀린 말을 바른 소리처럼 우기기도 한다.

내 입에서 나간 말이 내 말이 아니라 상대방 귀에 들린 말이 내 말이다. 상대의 감정이나 대화의 주제에 대해서는 전혀 생각하지 않고 혼자서 일방적으로 말하는 것은 예의가 없는 행동이다.

얼마 전, 금융권에서 개인정보 유출 사고가 있었다. 이 사고를 두고 경제부총리가 "카드 발급 시 정보를 제공한 것은 회원들"이라며 책임을 고객에게 돌렸다. 불난 데 부채질한 격이다. 사회적인 지탄을 받은 것은 더 말할 것도 없다. 경제부총리의 말은 액면만 보면 틀리지 않았을지도 모른다. 그러나 문제의 본질에서 벗어났기 때문에 많은 국민들로부터 원성을 들어야 했다.

의도적인 말로 상대를 어렵게 하는 사람, 본의 아니게 말실수를 하는 사람, 말을 실수하고도 본인이 잘 모르는 사람, 말로 인해 상대에게 피해를 주는 경우는 수없이 많다. 한 번 뱉은 말은 주워 담을 수 없듯이, 상대의 발언에 상처받은 사람들은 그 말을 잊지 않는다.

오랫동안 가깝게 지낸 A라는 지인으로부터 B라는 사람을 소개받은 적이 있다. 개인적으로 B 때문에 여러 번 불편을 겪었다. B는 나와의 약속을 여러 번 어겼다. 그래서 A를 만나면 B에 대해 이야기를 하고 싶었다. 그러나 그러지 않았다. 하고 싶은 이야기를 하면 그 순간은 시원할 수 있지만, A와의 관계도 깨질 수 있다는 생각을 한 것이다. 마음은 편했다. 상대에게 옳고 그름을 따지는 똑똑함보다 때로는 침묵으로 가만히 있는 게 지혜로울 때가 있다. 적어도 마음만큼은 편하다.

상황이 어쨌든, 누군가의 잘못을 이야기하는 것은 조심해야 한다. 나도 상대가 불편하게 할 때, 잘못을 지적하던 시절이 있었다. 당시에는 시원했지만, 두고두고 불편했다. 나이가 들수록 말은 참 조심스럽게 해야 한다는 생각을 많이 하게 된다. 아무리 화가 나도 최소한 말을 아껴두는 것이 후회를 덜 하는 방법이다.

말을 하는 것에 유독 인내심이 부족한 사람들이 있다. 상대방을 의식하지 않고 자기주장만 일방적으로 내뱉는 사람들 이야기다. 이런 사람과는 대화가 안 된다. 습관적으로 남 흉을 보는 사람도 있다. 이렇게 험담을 잘하는 사람을 만나면, 조금 주제넘은 것 같더라도, 또한 분위기가 다소 상할 것도 감수하고 "그러지 말라"고 이야기한다. 참을 수 없을 만큼 듣기 싫기 때문이다. 그 사람은 분명 다른 사람 앞에서 내 험담을 할 것이다.

반대로, 아주 조용한 사람들도 있다. 말을 못해서 안 하는 경우도 있지만, 속이 깊어서 하지 않는 경우도 있다. 이런 사람들 중에 보석 같은 인물들이 종종 등장한다. 그러니 말수가 적다고 폄하하거나 능력이 없을 것이라는 선입견을 갖는 것도 위험하고, 말을 잘하는 사람이라고 큰 기대를 갖는 것도 좋지 않다.

예전에는 말 잘하는 사람들이 환영받았다. 모임에서 돋보이고, 리더로 추앙되고, 많은 역할이 주어졌다. 그런데 그 말 잘하는 사람들의 말로가 그리 좋지 않았다. 기대가 컸던 만큼 실망이 더 컸다. 우리는 그런 시절을 여러 번 겪어보았다. 이 시대는 현란한 표현으로 부족한 부분을 감추고, 성과를 부풀리는 사람보다는 말주변은 좀 부족해도 마음이 넉넉한 사람, 진실한 사람들이 두각을 나타내는 세상이다.

이쪽에서는 이 말을 하고 저쪽에서는 저 말을 하는 사람이 있다. 이런 사람은 사회적으로 신뢰를 받기 힘들다. 이런 이들은 조직에서는 갈등을 만들고, 가정에서는 불화를 만든다. 아무리 편안한 가족관계라도 원칙을 세우고 지키면서 살아야 한다. 내 가족이라도 앞뒤가 맞지 않는 언행으로 타인에게 피해를 주었다면 편을 들어서는 안 된다. 자녀들은 부모가 판단하는 것을 그대로 배운다. 자식들에게는 정직함을 가르쳐야 한다.

순수함과 정직함에는 힘이 있다. 순간의 어려움을 모면하기 위해서 앞뒤 말을 바꾸면 마음이 혼탁해져서 전달하고자 하는 말의 힘이 약해지게 된다. 맑은 물에 자신의 얼굴을 비추면 얼굴이 맑아 보이고, 혼탁한 물에 자신의 얼굴을 비추면 흐리게 보이기 마련이다.

나는 창업해서 20년이 넘었지만 지금까지 말을 못해서 어려움을 겪은 적은 별로 없었다. 다른 부분이 단점을 커버해주었던 것 같다. 그 다른 부분이 바로 **진정성**이다. 말을 잘은 못하지만 늘 솔직하게 나의 마음을 표현했고, 상대는 이런 나의 마음을 잘 이해했던 것 같다. 진정성만 있다면 말은 좀 못해도 괜찮다. 언변을 키우기보다는 진실함을 갖추는 것이 선행되어야 한다. 그동안 만나본 수많은 리더들 중에는, 말 잘하는 사람들보다 말솜씨는 부족해도 진정성으로 성공한 리더들이 많았다. 말 좀 못한다고 용기를 잃지 않아도 된다. 진정성을 보여주자. 진정성 있는 삶이 성공하는 삶이다.

어릴 때 아버지께서는 자주 "언행일치가 되어야 한다"라고 말씀하셨다. 일상생활이나 조직에서 나름 똑똑하다는 사람이 가끔씩 언행일치가 되지 않는 경우를 많이 경험한다. 이러면 사회적으로 인정을 받아오던 사람이라도 한 번의 실수로 진정성과 신뢰를 잃게 된다. 말 좀 못하고 실력이 부족해도 처음처럼 한결같은 사람이 신뢰를 받는다. 이것이 사회생활에서 성공의 가장 기본이다.

배려配慮

인생은 마음가짐으로 결정된다!

인간관계의 중요성은 젊었을 때나 사회적으로 잘나갈 때에는 크게 느끼지 못한다. 그러다 나이가 들면 점차 그 중요성을 느끼게 된다. 나 역시 마찬가지였다.

지인 중에 A라는 중견 기업 사장이 있다. 나보다 연배가 있는 분인데, 오랫동안 알고 지내다 보니 이제는 편안하게 만난다. 그는 상대를 참 편안하게 해주는 사람이다. 그를 떠올리면 사회에서 만나 이처럼 관계가 오래 지속될 수도 있구나 싶어서 많이 고맙다.

그에게는 배울 점이 참 많다. 식사 약속에 단 한 번도 늦은 적이 없다. 늘 약속 장소에 미리 나오고 눈에 잘 띄는 곳에 앉아 있다. 그의 사무실로 방문하면 아무리 바빠도 꼭 엘리베이터 버튼을 눌러주고 마지막까지 배웅해준다. 그를 만날 때마다 기분이 싱그럽다. 인간관계를 참 잘 맺는 사람이다.

외국계 기업 사장으로 근무했던 B도 비슷하다. 합리적이고 논리적으로 명확한 사람인데, 나에게 경영에 대해 많은 조언을 해주었다. 개인의 역량에는 한계가 있기 마련이다. 상대의 부탁을 다 들어줄 수는 없다. 관심을 갖고 배려해줄 수 있는 부분이 있고 그렇지 못한 부분이 있다. 그는 관심 가져줄 수 없는 부분에 대해서 내가 충분이 이해가 갈 수 있도록 설명을 해준다. 나는 그에게서 맺고 끊는 법을 배웠다.

인생은 어떤 파트너를 만나느냐에 따라 달라진다. 결혼이든 사업이든 마찬가지이다. 지인 중에 금실이 좋은 부부가 있다. 그 부부는 볼 때마다 빛이 난다. 부부 사이가 좋은 이유가 궁금해서 하루는 술자리에서 작정하고 물어봤다. 그의 대답은 이랬다.

"대학 시절 후배와 지리산 등반을 떠났어요. 그 날은 날씨도 좋지 않고 시간도 부족해서 급하게 올라가야 했어요. 서너 시간 쉼 없이 걸었더니 남자인 나도 너무 힘들더라고요. 뒤에 따라오는 후배가 더 힘들까 싶어서 배낭을 달라고 했죠. 그랬더니 '선배도 힘들 테니 내 것은 내가 매겠다'고 하더라고요. 그때 후배를 다시 보게 되었고, '이 여자와 반드시 결혼해야겠다'고 마음먹었습니다."

그의 말을 듣고 고개를 끄덕였다. 상대를 배려할 줄 아는 사람과 결혼한 사람 중에 부부관계가 좋지 않은 사람을 보지 못했다. 특별히 큰 사건이 있는 게 아닌데 이혼까지 가는 부부들을 보면 이기적인 성향을 가진 사람들인 경우가 많다. 그리고 상대가 어떤 성향인지는 그 후배의 경우처럼 육체적이든 정신적이든 힘든 상황에 닥쳤을 때 제대로 보게 된다.

겉으로 드러난 것만으로는 사람을 알 수가 없다. 정말로 친했고, 개인적으로 좋아하는 사람인데, 본색을 보고 난 후 더 이상 가까이 하지 않게 된 사람들이 있다. 내가 사람 보는 눈이 없었거나, 상대가 자신을 너무 감춰서 미처 몰라본 것이다.

함께 일할 파트너를 제대로 보려면 힘든 고비를 함께 넘겨봐야 한다. 정말로 나와 진정으로 일하고 싶은 사람인지, 본인의 이익을 위해 나를 이용하고 있는 것인지, 어려운 상황이 닥치면 제대로 파악할 수 있다. 이기적인 파트너와 일하고 있다면, 그로 인해 위기의 상황에서 더 큰 위기를 맞게 될 것이다. 그러니 사업이 잘 진행될 때 파트너를 보려 하지 말고, 사업이 힘들어지기 시작했을 때 상대를 바라보라.

회사를 운영하는 어떤 지인의 이야기이다. 그의 운전기사는 평소 몸에 열이 많아 운전을 할 때, 늦은 가을에도 땀을 뻘뻘 흘리며 냉방을 해야 하는 체질인데, 반면 지인은 비염이 있고 추위를 많이 타는 편이라서 조금만 온도가 낮아도 차 안에서 겨울 외투를 입어야 하는 체질이라고 한다. 그러니 두 사람이 함께 다니려면 고생이 많을 수밖에 없다.

갈등의 상황에서는 상대를 먼저 생각해야 한다. 상대를 이해하지 못하면 이내 갈등이 생긴다. 운전기사가 사장의 체질을 생각하지 않는 것은 무례한 일이 될 테고, 사장이라고 계속 본인 체질에 맞는 컨디션만 강조하는 것도 맞는 결정은 아니다. 상대를 이해하는 마음을 가지고 서로 조금씩 양보하는 것이 가장 현명한 방법이다.

사회 친목단체나 친구들 간에 만남은 천차만별인 경우가 많다. 경제적으로 여유가 있는 사람부터 궁핍한 사람까지 다양하다. 이런 관계에서는 이심전심으로 상대를 이해하려는 자세가 필요하다. 경제적으로 여유가 있는 사람은 상대가 자격지심을 갖지 않게 하는 게 중요하고, 여유가 없는 사람은 수동적인 자세를 버리는 게 중요하다. 관계라는 게 만들어지려면 한쪽에서 일방적으로 지출하는 상황에서는 이루어지기 힘들기 때문이다. 경제적으로 어렵다면 형편에 맞게 행동하면 되는 것이다. 서로 이와 같은 자세가 있어야 관계가 이루어질 수 있다.

사람들은 흔히 많이 배우고 공부한 사람이 모든 것을 잘할 거라고 생각한다. 개인적인 지식도 깊고, 사회적인 덕망도 높은 '완벽한 개체'로 생각하는 것이다. 그러나 실제로 그런 사람들은 많지 않다. 자신의 전문 분야에 대한 지식은 많을지 몰라도, 남을 배려하는 마음은 오히려 보통 사람보다 못한 경우가 많다. 자기 분야에서 받고 있는 대접을 아무 데서나 받으려고 하고, 아무에게나 권력을 휘두르려고 하고, 안하무인으로 행동하는 경우가 많다.

아주대 정치외교학과 2학년 아누 아플라비 씨는 국내 대학에서는 처음으로 외국인 출신 기숙사 회장으로 선출되었다. 문화와 생활 습관이 전혀 다른 나이지리아 청년이 선거에서 회장이 된 게 화제가 되어 얼마 전 TV에 출연하기도 했다. 그는 다른 외국인들과 마찬가지로 처음에는 한국 문화가 익숙하지 않아 받아들이기가 힘들었다고 한다. 그러나 상대 입장에서 생각하니 쉽게 풀리는 문제들이 많았다고 고백했다. 한자를 모르는 사람이 '역지사지易地思之'를 정확하게 실천한 셈이다.

역지사지는 누구에게나 갖추기가 쉽지 않은 생활 태도이다. 특히 고생을 모르고 살아온 사람들은 상대 입장에서 생각하는 게 쉽지 않다. 그러다 보니 다양한 인간관계에서 고생을 하게 된다. 역지사지는 배려의 마음이다. 잘나가는 사람이 나이지리아 유학생 아플라비 씨처럼 산다면 더 좋은 기회를 맞이할 것이고 존경도 받게 될 것이다.

세상은 시간이 갈수록 고도화되고 전문화되어서, 사업도 다양해지고 사람들의 직업 역시 엄청나게 세분화되었다. 이것이 이 시대가 이야기하는 발전이라고 생각한다. 그러나 한 가지 잊지 말아야 할 것이 있다. 발전이라는 것은 그 자체에 의미가 있는 것이 아니라, 발전을 지속할 수 있는 힘이 무엇인지 깨닫는 데에 더 큰 의미가 있다. 그것은 사람이다. 한 사람이 아니라 여러 사람이다. 그리고 여러 사람들을 묶는 것은 좋은 인간관계이다. 외양만 보고 맺은 관계는 오래가지 않는다. 진짜 관계는 서로 인성을 알아보고 존중하면서 맺는 관계이다. 상대를 배려하는 마음, 바로 손해의 결정이 가져다주는 손해의 경제학이다.

나는 회사의 일과 자기계발로 인해서 하루에 5분, 10분도 여유 있는 시간을 못 낼 정도로 바쁜 시간을 보낸 적도 많았다. 그 시절 내가 회원인 어느 모임에서 나를 회장으로 추대하겠다고 요청을 해왔다. 회원들로부터 간곡한 요청을 받았지만 도저히 받아들일 수 있는 형편이 안 되었으나 회원들의 모임 전체에 부정적인 분위기를 만들 수도 없고 해서 며칠을 고민한 끝에 받아들이기로 마음을 먹었다. 마음을 정리하는 과정에서 나도 그동안 사회로부터 누군가의 많은 도움을 받으면서 이 자리에 있다는 사실과, 또한 이제는 적절한 봉사를 할 위치에 있다는 것을 깨달았고, 그래서 배려하는 마음으로 결정을 내린 것이다. 사회의 구성원이라는 것은 나 혼자가 아니라 여럿이 더불어 살아가면서 배려하고 봉사하는 사회적인 책임을 수행해야 한다는 것을 의미한다.

선입견先入見

이것만 없어도
얼마나 행복해질까?

선입견을 사전에서는 '어떤 사람이나 사물 또는 주의나 주장에 대하여, 직접 경험하지 않은 상태에서 미리 마음속에 굳어진 견해'라고 정의한다. 이 '굳어진 견해'가 종종 많은 폐해를 낳는다.

요즘은 강연이 유행이다. 유명 강사의 강연에는 사람들이 인산인해를 이룬다. 나도 유명 강연을 여러 번 들었다. 그중에는 마음에 울림을 준 강연도 많았지만, 그렇지 못한 것도 많았다. 강연 내용은 부실한데 유명세만으로 강단에 서는 이들이 있다. 그런데 희한하게도 쇼맨십 때문인지 그런 사람에게는 청중도 많이 모여든다. '유명 강사'라는 대중의 인식이 만들어준 선입견이 낳은 공정하지 못한 결과이다.

사람들은 암 진단을 받으면 먼저 죽음을 떠올린다. 이것도 선입견이다. 물론 의사로부터 암 진단을 받고 막막하지 않을 사람은 없다. 그러나 '암=죽음'으로 생각하는 것은 섣부른 판단이다. 많은 이들이 암으로 죽어가지만, 암 진단을 받자마자 죽음을 생각하는 것은 너무 일찍 포기하는 것이다. 암이란 것도 종양의 하나이고, 실제로 암에 걸리고도 건강한 마음으로 극복한 예가 적지 않다. 선입견이 만들어낸 사회적 공포이다.

창업 초기, 좋은 인성을 가진 사람으로 생각하고 가까이했다가 불편한 경험을 한 적도 있다. 당시 나는 자본, 사업 노하우, 인맥 등 모든 것이 간절한 입장이었다. 그 무렵 어느 대기업의 회장의 비서실장을 알게 되었다. 그는 나에게 "사회 전반에 다양한 네트워크를 가지고 있어서 자신에게는 안 되는 일이 없다"고 늘 자랑하곤 했다. 나는 그를 통해 도움을 받으려 했다. 그런데 그 사람이 시간이 갈수록 무리한 요구를 해서 몹시 힘들었던 적이 있다. 그때는 나보다 사회 경험이 많은 사람은 인성까지 좋을 거라고 생각했다. 이것도 선입견이다.

모 방송국 개그 프로그램 코너 중에 '불편한 진실'이라는 것이 있었다. 습관적으로 하는 행동인데 뜯어보면 특별한 이유가 없는 내용들을 모아서 재미있게 구성한 코너이다. 이 '불편한 진실'을 보고 있노라면, 현실을 잘 꼬집은 것 같아서 재미있기도 하고, 정곡을 찔린 것 같아 실제로 불편하기도 했다.

우리가 경험하는 대표적인 불편한 진실 중에 자식을 바라보는 부모의 시선이 있다. 주로 부모가 장성한 자녀를 어리게만 보아서 생기는 실수들이다. 이미 사회에서 객관적인 평가를 받고 있는 자식의 현실은 보지 않고 '어릴 적 재능' '과거에 잘 치렀던 시험 성적' 등을 꺼내서 남들에게 이야기한다. 그것도 본인의 처지를 잘 알고 있는 지인들 앞에서 그렇게 말한다. 자식 입장에서는 어린아이 취급하는 것 같아서 참 듣기 싫다.

형제관계도 비슷하다. 형이 동생을 볼 때, 과거 시선에 머물러 있는 경우가 많다. 동생도 나이가 차서 결혼도 하고 자식들을 키우고 사회활동도 왕성히 하고 있는데 어릴 적 동생 대하듯 하는 경우가 왕왕 있다. 단둘이 있을 때라면 모르지만, 여러 사람 있는 데서 그런 행동을 하면 참 보기 민망스럽다.

가족 사이에서는 다소 피해가 오더라도 그냥 넘어갈 수밖에 없다. 그러나 학교나 사회 등에서 만난 관계, 객관적으로 판단해야 할 사람들의 시선까지 과거에 머물러 있을 때는 참 답답하다.

학창 시절의 친구나 선후배가 만날 때 이런 경우가 많이 발생한다. 동창 모임에 나가면 학창 시절과 180도 달라진 친구들을 많이 보게 된다. 어렸을 때는 별로 눈에 띄지 않았는데 크게 성공한 친구도 있고, 꽤나 유복했다고 기억하고 있는데 아주 어렵게 살아가는 친구도 있다. 과거나 현재를 상관하지 말고 서로 존중해주는 태도를 가져야 하는데, 어릴 적 친구라고 너무 편하게 대하다가 실수하는 경우가 적지 않다.

우리 동창회에서도 그런 경우가 있었다. 열심히 노력해서 사회적으로 성공하고 높은 지위를 가지고 있어서 어디에 가도 존경과 예우를 받는 친구인데, 모임에 나온 다른 친구들이 어릴 적 기준에 맞추어 막무가내로 대하는 통에 더 이상 모임에 나오지 않는다. 이 경우는 친구들이 해서는 안 될 일을 했다고밖에 생각할 수 없다. 동창회라는 게 서로 막역하게 지낼 수 있는 모임이기도 하지만, 그건 어디까지나 서로 존중하는 마음을 바탕으로 해야지 어릴 적 기억만으로 선입견을 가지고 서로를 대해서는 안 된다.

우리 사회는 참 냉정하다. 한 번 실수한 직원에게 큰일을 맡기지 않는다. 사업에 한 번 실패한 사람에게는 더 이상 기회를 주지 않는다. 두 번째 기회를 잡는 게 너무 힘들다. 그만큼 우리 사회의 경쟁이 치열하기 때문이다. 그래도 실망하지 말고, 절치부심해야 한다. 실패를 하더라도 진정으로 반성하고 계속 노력해야 한다. 그 과정에서 많은 창의력과 노하우가 형성되고 더 좋은 결과물을 만들 수 있다는 유연한 자세를 갖추는 게 중요하다.

한 번 실패했다고 실패자로 낙인찍는 분위기도 사라져야 한다. 세상은 정지되어 있는 것이 아니라 늘 움직이고 늘 변화한다. 고정돼 있다고 생각하는 게 바로 고정관념이다. 사람은 변한다. 나쁜 쪽으로도 변하지만, 좋은 방향으로도 변한다. 성실하고 자질만 잘 갖추고 있다면 기회에 따라서 언제든지 좋은 사람으로 바뀔 수 있다. 사람들 대부분은 기회를 잡지 못했을 뿐이지 모두 '성공 직전에 있는 사람들'이다. 선입견이 많다는 것은 그만큼 사회가 경직돼 있다는 이야기이다.

얼마 전, 대학원 동기로부터 안부 전화가 왔다. 연배로는 나보다 여섯 살 정도 어리다. 풍요로운 가정에서 자랐고, 성인이 된 이후에도 대기업에 입사해 탄탄한 인생을 걸어갔다. 그러다 사업을 할 기회가 생겨서 직장을 그만두고 가족과 함께 미국으로 떠났다가 실패를 맛보았다. 다시 한국에 돌아와 이런저런 사업을 했지만, 결과가 신통치 못했다. 그 친구가 전화로 "형님! 저는 새해부터 리쿠르팅 사업을 시작합니다"라고 말했다. 어떤 분야인지 물었더니, 'IT 인력 파견'이라고 했다. 신규 사업을 너무 쉽게 시작하는 데다가, 그 친구와 전혀 인연이 없는 분야라 걱정이 되었다. 그래서 구체적인 솔루션보다는 "너도 이제 오십인데 잘해라. 지금 기반 못 잡으면 앞으로 너에게 일 줄 사람 없다"라고 긴장감만 심어주었다.

사업에 성공할 수 있는 조건은 여러 가지가 있다. 시장이 커지고 있는 아이템을 잡는 일, 조직을 치밀하게 관리하는 일, 남다른 영업력을 갖추는 일 등이 대표적이다. 그러나 나는 그보다 더 중요한 게 있다고 생각한다. 그것은 절박하고 간절한 마음의 자세다. 사업에서 성공하려면 상대보다 내가 간절하다는 모습을 보여주어야 한다. 고

급차가 아니라 1톤 트럭에 작업복 차림으로 다닐 수 있다는 각오로 임해야 한다. 그렇게 해도 이익을 내기 어려운 게 사업이다. 결국 나는 그 친구에게 쓴소리를 하고 말았다. 그 순간, 이 모든 게 나의 선입견일 수도 있다는 생각이 들었다. '한 번 사업에 실패한 사람이니 다시 잘못된 선택을 하고 있다고 생각하게 된 것 아니겠는가' 싶은 것이다.

"내가 좀 말실수를 한 것 같네. 오랜만에 연락해온 대학원 동기에게 이런 말해서 미안하다."

정말 미안해서 이렇게 말했다. 그러자 그는 이렇게 답했다.

"아닙니다. 다 피가 되고 살이 되는 말씀입니다. 예전에 직장에서 모셨던 분이 지금은 사장이 되어 있는데 얼마 전에 만났더니, '직장생활을 시작한 이후 새벽부터 밤늦게까지 한 번도 게으름을 피운 때가 없었다'라고 형님과 똑같은 말씀을 해주었습니다. 조만간 한 번 찾아뵙겠습니다."

전에는 그렇지 않았는데, 그의 목소리에는 절박함과 진정함이 묻어 있었다. 이 정도 자세면 사업을 해도 되겠다 싶었다.

얼마 전 TV에 못난이 과일을 저렴하게 구입하는 가정주부가 소개되었다. 그 주부는 유통이 되지 못한 못생긴 과일을 인터넷으로 구매하고 있었다. 그 이유를 물으니, "농약을 많이 치고 화학비료도 많이 뿌린 과일이 잘생겼고, 못생긴 과일은 그 반대일 가능성이 높기 때문"이라고 말했다.

우리는 사람을 평가할 때 마치 과일을 고를 때처럼 겉으로 보이는 것을 보고 판단한다. 그러나 우리가 좋아하는 잘생긴 과일이 우리 몸에 좋은 과일이 아닐 수도 있다는 생각도 하면서 살아야 한다. 이것이 상대에게 다가가는 첫 번째 자세이다.

경청 傾聽

상대의 목소리를 기억하는가?

얼마 전 어느 모임에 가입했고, 정기모임에서 이렇게 첫인사를 했다.

"안녕하세요. 서정락입니다. 선배님들 앞에 인사드리는 것을 기쁘게 생각합니다. 우리 회사는 '장풍'이라는 이름 때문에 중국 비즈니스를 하는 회사 아니냐는 질문을 많이 받습니다. 우리 회사는 '손바닥 장掌' 자와 '바람 풍風' 자가 아니라, '열릴 장章'에 '풍요로울 풍豊'으로 '풍요가 열린다'는 의미를 가지고 있습니다. 우리 회사는 인력 아웃소싱 전문 기업으로 빌딩 매니지먼트, 물류, 운송, 렌터카 운용 등이 주요 사업 분야입니다. 서른둘에 창업해 20년 넘게 앞만 보고 달려왔습니다. 그동안 여러 분들로부터 많은 것을 배우고 많은 도움을 받으며 살아왔습니다. 오늘 선배님들 앞에 인사드리게 돼서 기쁘게 생각하고 더 가까워질 수 있도록 노력하겠습니다. 많은 지도 부탁드립니다."

인사말이 재미있었는지 그 자리에 많은 박수를 받았다. 정해진 식순이 끝나고 편안하게 술잔을 기울이고 있는데, 한 사람이 내게 다가와서 인사를 하더니 "그래, 중국 사업은 잘되나요?"라고 물었다. 처음에는 그의 말뜻을 이해하지 못하다가, 이내 그 질문이 왜 나왔는지 알게 되었다. 인사말 중 '중국'이라는 단어만 기억하고 그 뒤의 설명은 듣지 않은 채 질문을 던진 것이다. 나는 그저 "예, 잘되고 있습니다"라고밖에 할 수가 없었다.

사실 이와 비슷한 경험은 이 모임뿐 아니라 여러 곳에서 경험했다.

우리는 참 다른 사람 말을 주의 깊게 듣지 않는다. 자기가 말할 때는 나름 아이디어도 발휘하고 꽤나 목소리를 높여서 관심을 끌려고 노력하지만, 남이 말할 때는 스마트폰을 보는 등 딴짓을 한다. 다른 사람들의 이런 모습을 보면서, 스스로 '나는 혹시 그렇지 않은가?' 반문해보자.

남의 말을 듣지 않는 증세는 나이가 들수록 심해진다. 조직에서 위치가 팀장, 본부장, 임원, 사장, 이런 식으로 올라가면서 아무래도 지시하는 습관이 몸에 배는 데다가 자기 생각만 옳다는 생각이 굳어지게 된다. 다른 사람들의 말이 잘 들리지 않는다. 부하직원을 많이 거느린 사람일수록 '한쪽 귀로 들으면 곧바로 반대쪽 귀로 흘려버린다'는 표현이 어울릴 정도로 남의 말을 잘 듣지 않는다.

사회로부터 존경받기 위해서는 이와는 반대로 살아야 한다. 따지고 보면 자신이 말하기보다는 남의 말을 잘 듣고 이해할 때 더 많은 것을 얻을 수 있다. 남의 이야기 속에 지혜가 숨어 있는 경우가 많기 때문이다. 그 재미를 알아가는 게 진정한 성숙이 아닐까 생각한다.

누구에게나 경청하는 자세가 필요하지만, 만일 사업을 하는 사람이라면, 경청하는 자세는 절대적으로 필요하다. 상대로부터 호감을 얻을 수 있을 뿐 아니라, 동료나 선배 사업가의 말 속에 고민을 풀어줄 솔루션이나 기가 막힌 아이디어가 숨어 있는 경우가 종종 있기 때문이다.

내 경험을 비추어 봐도 '내가 어떻게 이렇게 좋은 생각을 해냈지?'라는 생각이 들 때는 대체로 언젠가 지인에게서 들은 이야기가 힌트가 되는 경우가 많다. 세상에 정보가 넘쳐나고, 인터넷 검색만 잘해도 웬만한 지식은 얻을 수 있는 시대가 되었지만, 진짜 고급 정보나 실제 적용할 수 있는 삶의 지혜는 바로 주변 사람에게서 얻는 경우가 많다. 그러니 잘 듣는 습관은 참 소중하다.

강의 시간에 청강자들이 주목을 하지 않고 엉뚱한 행동을 하면 강사가 힘이 나지 않는다. 단둘이 마주보고 이야기를 하는데 잘 듣지 않고 다른 행동을 한다면 상대를 무시하는 격이 된다.

경영학자인 톰 피터스는 "20세기가 말하는 자의 시대였다면, 21세기는 경청하는 리더의 시대가 될 것이다"라고 했다. 또 『성공하는 사람들의 7가지 습관』의 저자인 스티븐 코비 역시 "성공하는 사람과 그렇지 못한 사람의 대화 습관엔 뚜렷한 차이가 있다. 그 차이를 단 하나만 들라고 한다면, 나는 주저 없이 '경청하는 습관'을 들 것이다" 라고 역설했다.

사람이 태어나서 말을 배우는 데는 대략 2년이라는 시간이 걸리지만 침묵을 배우는 데는 60년이라는 시간이 걸린다고 한다. 그만큼 경청이 어렵다는 얘기다. 경청은 상대를 존중하고 귀 기울여 상대방의 주장을 듣는 일로, 사람의 마음을 얻는 최고의 지혜다. 상대방에게 신뢰를 줄 수 있는 가장 강력한 도구는 바로 경청하는 습관이다. 이야기를 잘 들어주는 습관 하나가 신뢰를 쌓을 수 있는 지름길이다. 이 세상에 자신의 말을 잘 들어주는 사람을 싫어할 사람은 아무도 없다.

경청은 상대를 기분 좋게 한다. 상대방의 이야기를 존중하는 마음으로 귀 기울여 듣는 것. 누군가 내 이야기에 관심을 갖고 있다는 느낌, 존중받고 있음을 느끼게 한다. 경청이 성공을 부르는 대화 습관임을 잊지 말자.

그 모임에 두 번째 참석했다. 모든 회원과 친해야 하는데, 계속 오해를 할 것 같아서 그 날은 내가 먼저 그 회원에게 인사를 건넸다.

"저, 실은 제 사업 영역이 아직 중국까지는……."

"아이고, 그 날은 제가 실수했습니다. 갑자기 전화가 와서 회원님

이야기를 끝까지 못 듣고 제가 중국 이야기를 꺼냈더라고요. 정말 실례가 많았습니다."

"아, 예. 이렇게까지 말씀해주시니 너무 감사합니다."

사과謝過

상대가 납득할 때까지

모 대학 AMP(최고경영자 과정) 모임 동기 중에 유명 기업 임원으로 일하는 분이 있다. 얼마 전 그가 아웃소싱 전문 업체인 우리 회사에 자신의 운전기사를 소개해달라고 의뢰해왔다. 나에게 조금이라도 도움이 되고자 하는 마음으로 연락한 것이다. 그 마음이 너무 고마워서 내가 직접 운전기사를 뽑아서 소개했다.

그 임원은 나를 생각해서 운전기사를 많이 아꼈다. 가능한 편하게 업무 환경을 조성해주었고, 식사 자리에도 자주 동석시켰다. 그 운전기사로부터 '매우 만족스럽다'는 보고도 받았다. 그렇게 한 달 정도 지났을 무렵에 일어난 일이다.

그 날은 그 임원이 중요한 미팅 때문에 새벽 일찍 일어나 자신의 집에서 이런저런 준비를 하고 있었다. 그런데 모든 준비를 끝내고 출발할 시간이 되었지만, 막상 자신의 차는 나타나지 않았다. 운전기사가 제때 대기하지 않은 것이다. 전화도 받지 않았다. 그는 속이 바짝 타들어갔다. 큰 거래가 오가는 미팅에서 시간 약속을 지키지 못하는 것만큼 큰 실수도 없기 때문이다.

결국 그 기사는 약속보다 20분 늦게 나타났다. 이유를 물으니, "몸살 때문에 늦게 일어나서 시간을 맞추지 못했습니다"라고 말했다. 그 임원은 그 날 운전기사를 사직 처리했다.

대기업 임원이라는 자리는 오랜 시간 동안 수많은 업무를 완벽하게 처리한 사람만이 오를 수 있는 자리이다. 자신의 몸보다 일을 먼저 챙기는 사람들이 오르는 자리이다. 그러니 "몸살 때문에 늦었다"는 운전기사의 말은 핑계 수준에도 이르지 못할 정도로 성의 없는 답변으로 들릴 수밖에 없었다. 그래서 사직 처리를 결정한 것이다.

나도 그의 마음을 십분 이해한다. 수십억 원 계약 미팅을 앞두고 잔뜩 긴장하고 있는데, 운전기사가 늦게 나타나면 정말 맥이 빠진다. 미팅에 늦으면 상대에게 좋지 않은 이미지를 줄 뿐 아니라 원하는 대로 협상할 수가 없다. 심한 경우는 계약 자체가 무효가 되기도 한다. 몇 십 분 지각이 회사에 결정적인 타격을 줄 수도 있는 것이다. 그런데 많은 운전기사들이 여기까지는 생각하지 못한다.

물론 정말 갑자기 감기 몸살이 올 수도 있다. 그다음이 중요하다.

사실이 그렇다면 적어도 한두 시간 전에는 미리 연락해서 양해를 구해야 한다. 그래야 당사자가 다른 기사를 부르든지, 택시를 타고 가든지 할 수 있다. 차량 대기 시간에 늦은 것은 둘째로 치고, 전화를 받지 않는 것은 있을 수 없는 행동이다. 심하게 말하면, '너 한 번 당해봐라' 이런 행동일 수도 있다.

이 사건은 그 날 저녁 내게 '업무 보고'로 올라왔다. 마음이 너무 불편해서 그 날은 잠도 설쳤다. 다음 날 아침 그 임원에게 전화를 걸었다. 화가 많이 나 있는지 두 번이나 연결을 시도했지만, 회의 중이라는 메시지만 돌아왔다. 일이 손에 잡힐 리 없었다. 하루 종일 이 생각, 저 생각 고민만 거듭하다가 퇴근 무렵 문자 메시지를 보냈다.

"형님, 안녕하세요? 수행기사의 과오에 무한히 죄송합니다. 서정락 배상."

이런저런 이야기로 메시지를 길게 보내면 더 이상할까 싶어서 이렇게 아주 짧게 보냈다. 그래도 답변이 없었다. 이날도 불면의 밤을 보냈다.

다음 날 아침, 다시 한 번 문자 메시지를 보냈다. 이번에는 좀 길게 썼다.

"형님, 이번 일은 너무 죄송합니다. 저로 인해 얼마나 신뢰를 잃었는지, 얼마나 많이 화가 나셨을지 충분히 이해합니다. 진심으로 사과드립니다. 지금 당장 찾아뵙고 용서를 빌어야 하지만 지방에서 목요일까지 불가피한 사정이 있어 금요일에 찾아뵙고 싶습니다. 시간이 되시는지요? 위로드릴 수 있는 길이 있으면 무엇이든 하겠습니다. 서정락 배상."

이렇게 메시지를 보내자 그에게서 바로 전화가 왔다. 화가 많이 누그러진 목소리였다. "서 회장, 뭘 이렇게까지 걱정을 하나?"라고 시작한 그는 "다 잊었다"라고 말을 끝맺었다. 물론 운전기사에 대한 지적은 잊지 않았다.

주변 사람에게 이 일화를 이야기했더니 "같은 학교 다니는 사이인데 너무 낮추어서 사과한 것 아니냐?"라는 반응이다. 그건 잘못 생각하고 있는 것이다. 사회에서 맺어진 관계는 절대 허투루가 없다. 같은 교육기관에 다니면서 친해진 교우관계라고 해도, 일단 비즈니스로 연결되고 나면 전혀 다른 관계가 된다. 교우는 교우이고 업무상 관계는 업무상 관계이다. 그래서 최대한 낮추어서 사과하는 게 당연한 일이다. 그 상황에서 교우관계를 들먹이는 것은 예의가 아니다.

사과를 하는 것은 부끄럽거나 자존심 상하는 일이 아니다. 잘못을 눈감아달라고 사정하는 일도 아니다. 잘못을 인정하고 그에 대한 벌을 기꺼이 받는 대신, 관계를 잃고 싶지 않다는 진정 어린 표현이다. 그러니 사과를 할 때는 아주 겸손하게 해야 하며, 진정성을 느끼게 해야 한다. 그 사과 이후 우리는 다시 예전처럼 좋은 관계를 회복했다.

문제에 직면했을 때 사람의 본모습이 보인다. 문제 해결을 위해 진심으로 뛰어다니는 사람이 있는가 하면, 나 몰라라 외면하는 사람이 있다. 사고가 발생했을 때 정리를 잘하면 또 다른 기회를 얻을 수 있다. 사과하는 과정이 잘 이루어지면 이전보다 더 좋은 관계를 만들 수도 있다.

세상을 살다 보면, 의도와 다르게 실수를 할 수도 있다. 또 실수가 큰 사고로 이어질 수도 있다. 그럴 때 발만 동동 구르지 말고, '모두 내 잘못'이라는 마음을 전하고, 진심을 다해 처리하라. 그러다 보면, 어느덧 실수가 '빛나는 상처'로 변신한다는 사실을 알게 된다. 사과하는 사람이 조직의 상사라면 더욱 존경을 받을 것이다. 진정한 사과와 용서는 새로운 관계를 만든다. 사람 사이의 관계도 계속 진화한다는 사실을 잊어서는 안 된다.

진정한 반성과 사과는 새로운 관계의 시작이다! 빛나는 손해의 경제학이다.

호감好感

적극적인 당신을 응원합니다

TV 드라마에서는 이런 장면이 종종 나온다. 당찬 캐릭터인 여주인공이 마음에 드는 남자에게 일부러 커피를 엎지르거나, 일부러 자동차 접촉사고를 내고 그 인연을 살려 연인관계로 발전시키는 설정. 눈에 훤히 들여다보이는 전개인데, 이상하게도 그 여자가 밉지 않다. 자신의 마음을 적극적으로 전하는 용기가 가상해 보이기 때문이다. 그 여주인공은 한마디로 '호감형形'이다.

사람들은 누구나 다른 사람으로부터 지속적인 관심을 받고 싶어 한다. 그런데 말처럼 쉬운 일이 아니다. 다른 사람 흉내만 내서 되는 일도 아니고, 마음만 먹는다고 되는 일도 아니다. 꽤나 많은 노력이 필요하다. 수많은 드라마 속 주인공처럼 말이다.

사회적으로 호감형 인간이 되는 것은 살아가는 데 중요하다. 단순히 좋은 평가를 얻기 위해서도 그렇지만, 사회에서 자신의 포지션을 견고하게 만들기 위해서는 주변 사람들의 도움이 절대적으로 필요하기 때문이다.

꼭 대단한 업적을 내야 호감형 인간이 되는 것은 아니다. 호감형 인간이 될 수 있는 가장 좋은 방법은 적극적인 행동을 일상화하는 것이다. 좋은 성과를 낸 동료가 있으면 먼저 다가가서 칭찬하고, 주변 사람들의 생일이나 기념일을 잘 챙겨서 자신이 그에게 애정과 관심이 있다는 사실을 표현하고, 누가 해도 되는 일이라면 먼저 나서서 하면 누구든 호감을 갖게 된다.

사람들은 대체로 개를 좋아하는 이유에 대해, 강아지가 먼저 사람에게 다가오기 때문이라는 분석이 많다. 주인에게 충성을 다하고 주인을 좋아한다는 감정을 적극적으로 표현하는 개를 싫어할 이유가 없다. 반대 상황도 마찬가지다. 지인 중에 유독 개를 좋아하는 사람이 있다. 그걸 개도 안다. 아침에 출근하려고 와이셔츠를 입으면 벌써 개가 그의 아내와 자녀들에게 짖기 시작한다. 나를 사랑해주는 분이 출근하니, 어서 배웅하라고 짖는 것이다.

사람과의 관계도 마찬가지다. 나는 육 남매 중 다섯째다. 형님 한 분과 누님 세 분이 있고, 아래로 여동생 한 명이 있다. 이렇듯 많은 형제가 있었지만 할머니는 유독 나를 좋아하셨다. 이유는 내가 마치 개가 주인을 따르듯 할머니를 잘 따랐기 때문이다.

내가 대여섯 살 되었을 때 이런 일이 있었다. 줄곧 함께 생활하던 할머니가 어느 날 부산에 사는 삼촌 집에 가셨다. 매일 할머니 품에 안겨서 잠을 자다가 혼자 자려니 그 날은 잠이 오질 않았다. 잠이 들어도 작은 소리에 자꾸 깨곤 했다. 그렇게 새벽이 오고 말았다. 첫닭 우는 소리가 들리자 어머니에게 "저 닭도 할머니 보고 싶어서 울지요!"라고 말했다. 그럴 정도로 할머니를 잘 따랐다.

한배에서 태어난 자식이라도 하는 행동에 따라서 부모가 갖는 관심은 차이가 생긴다. 내가 움직여야 상대도 움직이는 법이다. 상대가 움직여야 내가 움직인다는 생각은 버려야 한다. 그래서 상대가 먼저 다가오기를 기다리기보다 내가 먼저 다가가는 자세가 중요하다. 조직생활뿐 아니라 모든 인간관계의 해법이 바로 여기에 있다.

'상품을 팔기 전에 고객의 마음을 먼저 사라'는 말이 있다. 자신의 기준이 아니라, 상대에게 용기 있는 접근을 해야 성공이 따라온다. **상대에게 먼저 다가가라. 이보다 좋은 방법은 없다.**

감정을 숨기는 걸 미덕으로 여겨서인지, 우리는 대체로 상대에게 다가가기를 쑥스러워한다. 좋은 사람에게 다가가지 못하고, 마음을 표현하려고 하면 마치 큰 죄를 짓는 것 같아서 입이 얼어붙는다. 차라리 다가가는 방법을 모른다고 말하는 게 맞을 것 같다. 마음을 전달할 줄 모르다 보니 상대방이 좋아할 만한 표현은 고사하고, 오히려 공격을 하기도 한다. 본심은 그게 아닌데, 마음을 표현하는 방법은 모르겠고, 그렇다고 마음속 감정을 그냥 누를 수도 없어서 선택한 방법이 어이없게도 공격이다. 마음을 적극적으로 표현해야지 공격적으로 표현해서는 안 된다.

나도 사회 경험이 부족한 시절에는 비즈니스 관계에 있는 사람에게 말을 걸지 못해 고생한 적이 많다. 종종 말실수도 했다. 너그러운 상대를 만나면 어색하지 않게 넘어가기도 했지만, 때로는 분위기가 딱딱해지곤 했다.

이런 표현의 문제는 타고난 성격이거나, 성장하면서 굳어진 생활 습관 탓일 수 있다. 내가 표현력이 부족한 것도 비슷한 이유였다. 어려서부터 나 자신을 표현해본 적이 별로 없었다. 그러다 보니 청년이 된 이후에도 다른 사람 앞에서 말을 하려면 입이 얼어붙었다. 너무 조심하다 보니 말실수가 오히려 늘었던 것이다.

그래서 의사소통이 서툰 사람들에게 많은 노력이 필요한 것처럼, 상대를 이해하려는 마음도 필요하다. 상대에게 말로 다가가는 방법을 모른다면, 과하지도 덜하지도 않게 문자 메시지, 짧은 전화 통화, 메일을 통해 자신의 관심 정도를 넌지시 알리는 것도 좋은 방법이다. 상대가 부담을 느낄 만큼 너무 자주 보내지도 말고, 너무 뜸하지도 않게 보내는 게 좋다. 간단한 메시지를 주고받는 것만으로도 관계는 계속 발전해나갈 수 있다.

자신의 좋은 감정을 상대에게 고스란히 전달하는 습관을 들여보자. 이것만으로도 충분히 적극적인 행동이고, 곧 호감형 인간으로 변신할 수 있다. 내가 좋아하는 사람이 나를 좋아해주는 것은 기적이다.

5

열린 사고

이 시대가

원하는

인재상

하이브리드

시대가 원하는 통섭형 인재

사람은 누구나 장단점을 가지고 있다. 장점만 가진 사람도 없고, 단점만 가진 사람 역시 없다. 그런데 그 장점과 단점이라는 것도 고정돼 있는 게 아니다. 보는 각도나 주어진 상황에 따라서 장점이 단점이 되기도 하고 단점이 장점이 되기도 한다.

리더는 조직원 개개인의 장점을 극대화시켜 발전적인 조직을 만들어야 한다. 추진력이 부족한 사람에게 부담스러운 업무를 맡기면 위험하고, 추진력이 강한 사람에게 정적인 일을 시키는 것도 낭비다. 각 개인이 가지고 있는 특성과 성품을 파악해 잘할 수 있는 일을 시켜야 조직이 안정된다.

리더의 역할이 조직원의 장점을 끄집어내는 데에 있다면, 조직원들은 본인의 장점을 다양화시키려 노력해야 한다. 최근 언론에 '하이브리드형 인재'라는 단어가 종종 등장한다. '하이브리드'는 두 가지 기능이나 역할이 하나로 합쳐진 것을 말한다. 그래서 전기와 휘발유를 동시에 쓸 수 있는 자동차를 '하이브리드 자동차'라고 하고, 자동과 수동을 오가는 카메라를 '하이브리드 카메라'라 부른다. **하이브리드형 인재는 한 가지 장점에 머물러 있는 사람이 아니라 다른 사람의 장점을 받아들여서 계속 발전해나가는 인재를 말한다.**

직원들이 성장하는 것을 오랫동안 지켜보면 그 차이를 명확하게 알 수 있다. 벤치마킹을 적극적으로 하는 사람과 그렇지 못한 사람은 한 해 두 해 지나면서 성장 속도에서 확연히 차이가 난다. 다른 사람의 장점을 흡수하는 사람은 가속도가 붙은 채 쭉쭉 커나가는 게 눈에 보인다.

기업에서 일하는 사람에게 우선 필요한 것은 업무 처리 능력이지만, 위로 올라갈수록 매니지먼트 능력이 중요해진다. 많은 직장인들이 미래를 위해서 '매니지먼트 경영학'을 배우는 것도 이 때문이다. 최근에는 공무원 사회에서도 사무관 진급 자격을 주기 위해 매니지먼트 능력을 측정한다. 이런 변화들은 많은 사람들이 업무 처리 능력보다 매니지먼트 능력이 약점이라 생각하고 있다는 이야기가 되기도 한다.

내가 다녔던 대학원 MBA 과정에는 경영자 외에도 의사, 변호사,

판사, 건축사, 엔지니어 등 다양한 분야에서 두각을 나타내고 있는 사람들이 모여 있었다. 그들 역시 자신의 전문 분야 이외에 조직을 관리할 수 있는 매니지먼트 능력을 키우고 싶어 했다. 시대가 원하는 하이브리드형 인간이 되기 위해 노력하고 있는 것이다.

내가 이십대를 보내던 시절에는 '일인일기一人一技'라는 말이 유행이었다. 한 사람이 한 가지 기술을 익히라는 의미이다. 그러나 당시 그 말이 나온 것은 산업 발달 과정에서 정부에서는 기술을 많이 필요로 했는데, 이에 반해 한 사람이 하나의 기술도 가지지 못하던 시절이었기 때문이고, 지금은 분위기가 많이 바뀌었다. 다양한 기술을 경험한 사람을 선호한다. 커뮤니케이션이 중요한 시대가 되었고, 여러 재능이 있는 사람은 커뮤니케이션 능력이 뛰어나다고 판단하기 때문이다.

기업이 원하는, 하이브리드형 인재로 거듭나기 위해서는 열린 자세가 필요하다. 자신의 장점을 극대화시키려는 노력은 기본이고, 상대의 장점을 배우려는 노력도 게을리해서는 안 된다. 말하자면, 상대방의 장점을 '그저 좋다'고 바라보는 게 아니라, 묻고 배워서 자기 것으로 만들어야 한다. 이런 노력 자체가 커뮤니케이션이라고 할 수 있다.

세상을 살아가는 데 가장 큰 위력을 발휘하는 것은 커뮤니케이션 능력이다. 조직에서는 '코 워크co-work, 협업 능력'이다. 실제로 일을 하다 보면, 외국어 능력, 어려운 자격증, 많은 지식, 높은 학력 등은 부수적이라는 사실을 알게 된다. 커뮤니케이션을 잘해야 업무 효율이 높아지고, 기업에서 말하는 생산성도 높아지게 된다. 기업의 미래 역시 커뮤니케이션을 잘하는 직원을 통해 그려나갈 수 있다. 그래서 기업에서 커뮤니케이션을 잘하는 인재, 바로 하이브리드형 인재를 찾고 있는 것이다.

요즘 기업이 원하는 인재상을 떠올리다 보면, 우리 세대는 참 폐쇄적이었다는 생각을 많이 하게 된다. 한순간도 예외 없이 성실한 사람, 그 누구보다도 입이 무거운 사람, 회사에 헌신하는 사람을 선호했다. 그리고 동시에 시대가 참 많이 변했다는 생각을 하게 된다. 지금은 회사에 인생을 걸거나 한없이 성실하고 입이 무거운 사람보다는 취미도 있고, 주어진 시간에 일을 밀도 있게 할 줄 알며, 자기 표현을 잘하는 사람이 좋은 인재로 평가받는다.

GE의 전 회장 잭 웰치는 GE를 떠나는 마지막 강연에서 "나의 최고 관심사는 첫째도 사람, 둘째도 사람, 셋째도 사람"이라고 했으며, "우리에게 필요한 것은 최고의 인재들이다. 최고의 인재들만 가려낼 수 있다면 그리고 그들이 자신의 능력을 펼칠 수 있도록 기회를 준다면, 사업은 반드시 성공할 것이다"라고 말했다. 그는 자신과 함께 일하는 사람들에 대해 무한 신뢰를 보냈다. 성공적인 경영에 필요한 것은 '스킬'이 아니라 '애정 어린 눈빛'이다.

사람은 누구나 장점을 가지고 있다. 자신의 장점을 찾아내 상대에게 어필하고, 상대의 장점을 적극적으로 배우려 한다면 어찌 발전이 없겠는가?

보고報告

침묵은 미덕이 아니다!

기업을 이끌다 보면, 직원들의 보고만 받아서는 절대로 알 수 없는 일들이 있다. 밖으로 드러나는 것 외에 직원들 사이에서 돌아가는 분위기가 중요한데, 그건 보고서만으로 알 수가 없기 때문이다.

그래서 커뮤니케이션이 중요하다. 실무진의 이야기를 귀담아듣는 일은 작은 일인 것 같지만, 결과를 보면 절대 그렇지 않다. 프로젝트를 성공으로 이끄는 결정적인 아이디어는 작은 대화에서 만들어진다. 더 나아가 그 작은 대화가 회사 규모를 조정하거나 신사업을 진행하는 열쇠가 될 수 있으며, 뜻하지 않게 회사 운영비를 절약하는 아이디어를 찾아낼 수도 있다.

그런데 참 희한하게도 기업 내 커뮤니케이션 문화는 예전과 좀체 달라지지 않았다. 위에서 일방적으로 지시하고, 아래에서는 지시에 따라 그저 움직인다. 이런 기업 문화에서는 윗사람에게 진언을 고하는 직원들이 드물 수밖에 없다.

외국 영화를 보면서 부럽다고 느낄 때가 있다. 영화의 완성도에 대한 이야기가 아니다. 가끔씩 등장하는, 젊은 사원이 사장과 격하게 토론하는 장면 때문이다. 젊은 사원은 '버릇없다'는 생각이 들 정도로 자기 의견을 강력하게 말한다. 국내 기업에서는 볼 수 없는 장면이다.

'윗사람에게 말해봐야 나만 손해다. 잘되어도 칭찬 못 듣는다. 도리어 나서기 좋아하는 건방진 직원 취급이나 받는다.'

많은 직원들이 이렇게 생각하고 있다는 사실, 나도 잘 알고 있다. 그리고 이 생각을 바꾸지 않으면 발전이 없다는 사실도 잘 알고 있고, 어떻게 하면 직원들의 생각을 바꿀 수 있을까 늘 고민한다. 만약에 리더가 일방적으로 할 이야기만 하고 귀는 닫고 소통을 못하게 한다면 그 조직은 분명히 심각한 문제에 직면하게 된다. 리더에게 겸손하게 예를 갖추고 옳은 이야기를 하는 직원을 꾸짖는 조직은 더더욱 심각한 조직이다.

힘들겠지만 실무자들은 경영진의 잘못된 결정에 대해서는 자신의 의견을 말할 수 있어야 한다. 윗사람이 지시했다고 해서 옳지 않은 일을 진행하는 것은 지혜롭지 못한 결정이기도 하거니와 무책임한 일이다. 물론, 이런 기업 문화를 조성한 사람들에게 책임을 함께 물어야 한다.

사실 조직을 운영하고 관리하는 사람들은 '옳은 소리'를 하는 젊은 사원을 싫어하지 않는다. 오히려 '조직에는 이런 사람이 필요하다'고 생각한다.

실제로 제 목소리를 내는 사원이 윗사람에게 인정받는 경우가 더 많다. 리더들은 그런 사람들이 조직에 꼭 필요한 사람이라는 것을 알고 있다.

반대로, 인사에서 부당한 대우를 받는 게 두려워서 입을 닫고 일하는 조직원들은 그 '보신주의' 때문에 승진의 기회를 놓치기 일쑤이다. 한 조직에 오랫동안 몸담고 있으면서 이름도 없이 사그라지는 것은 그 개인으로 봐서도 불행한 일이다. 자신이 소유하고 있는 조직이 아니더라도, 그 안에서 일하고 있다면 조직을 위해서 어떻게 행동할지 고민해야 한다. 손해를 보더라도 옳은 소리를 하는 사람이 조직에서는 필요한 것이다.

올바른 '보고의 의무'는 누구에게나 강조되어야 하는 부분이지만, 특별히 기업의 이득과 손실에 직접적인 영향을 미치는 부서 실무자는 상사와 커뮤니케이션 하는 것을 조금도 주저해서는 안 된다. 상사가 지시한 일이라는 이유로, 손실이 나는 사업을 진행해서도 안 된다. "회사에 타격을 주는 사업은 진행할 수 없다"는 사실을 상사에게 똑바로 말할 수 있어야 한다.

우리 회사도 보고를 제때 제대로 하지 않아서 문제가 된 경우가 있었다. 몇 년 전 신규 사업에 뛰어들었을 때 실무 책임자가 보고를 제대로 하지 않아서 큰 손해를 보았고, 얼마 전 세무조사를 받을 때도 보고가 제대로 이루어지지 않아서 고생을 많이 했다. 회사에 피해를 주는 상황이 벌어졌을 때, 두 사건의 실무 책임자들이 나에게 한 이야기는 똑같았다.

"위에서 지시한 사업이어서 손해가 나더라도 진행하고 있었습니다."

실무자는 손익에 대해 경영진이 충분히 이해할 수 있도록 설득해야 하는 의무가 있다. 경영진도 얼마든지 잘못된 의사 결정을 할 수 있다는 생각을 가져야 한다. 그럼에도 불구하고, 경영진에서 사업을 진행하겠다고 하면, 가장 전략적인 계획을 만들어주어야 한다. 이렇게까지 해야 하는 게 조직원의 역할이다. CEO의 욕심이 아니다. 기업의 생명을 유지하기 위한 처절한 원칙이다.

'상사를 빨리 실직시키고 싶으면 문제를 보고하지 마라'는 말이 있다. 시간의 문제일 뿐이지, 잘못된 일은 언제든 알려지게 되어 있다. 잠깐 숨긴다고 해결될 일이 아니다. 문제를 보고하지 않으면 대형 사고로 발전하게 된다. 결국 회사에 큰 피해를 입히게 될 것이고, 그 책임은 상사에게 돌아간다. 모든 사람에게 피해를 입히는 일이다.

사람은 누구나 좋은 일은 자랑하고 싶고, 어려운 일은 숨기고 싶어 한다. 힘들더라도 어려운 이야기를 꺼내는 사람이 되어야 한다. 침묵이 미덕인 시대는 이제 끝났다.

비전vision

진짜 인생을 만들어야지

평소 친동생처럼 가깝게 지내는 친구가 있다. 몇 해 전 어느 모임에서 알게 되었는데, 붙임성이 좋은 친구여서 그런지 곧 가까워졌다.

그 후배는 첫 직장에서 20년째 일하고 있다. 명문대를 나왔고 실력도 좋아서 10년 만에 부장까지 승진했고, 지금도 부장이다. 에너지 넘치고 늘 유쾌하게 사는 친구였는데, 최근에 만나면 어깨를 축 늘어뜨리고 다닌다. 이유를 물어보니, 나름 어려움이 있었다.

그는 몇 해 전 인사부에서 영업부로 부서를 옮겼다. "영업부로 옮긴 초기에는 부족하지 않게 영업비를 쓰면서 고객과 실적을 관리했는데, 최근 들어 회사 경영이 악화되면서 영업비가 대폭 줄었다"는 것이다. 회사가 어려우면 그럴 수도 있는 것 아니냐고 물었더니, "실적 목표는 오히려 올라갔다"며 볼멘소리다. 한마디로, 적은 예산으로 많은 성과를 거두라는 얘기다. 이런 현실 때문에 그 후배는 어깨를 축 늘어뜨린 채 힘들다고 하소연하는 것이다. 거기에다 임원 승진 평가에서 번번이 미끄러진 것도 그를 더욱 지치게 했다.

"실적이 바닥이고 비전도 찾을 수가 없어요. 직장을 계속 다녀야 하는지 모르겠습니다."

그 말을 듣자마자 "배부른 소리, 엉뚱한 생각 말고 회사 안에서 답을 찾아야지"라고 잘라 말해주었다. 그를 위로하지 않고 강하게 나간 것은, 그의 고민이 너무 흔한 레퍼토리였기 때문이다. 설사 그가 다른 회사에 간다고 해도, 다시 비슷한 상황에 놓일 것이다.

근본적으로는 회사의 영업 방침이 바뀌었다고 이내 업무 의지까지 꺾이는 것은 좋은 반응은 아니다. 회사의 방침이 바뀌었다면, 그 진위를 정확하게 파악하되, 환경에 맞게 업무 추진 방향을 세우는 것이 현명하다. 굳이 현실을 탓하면서 의욕부터 떨어뜨리다 보면 결국 손해 보는 것은 자신이다. 마지막으로 나는 그 후배에게 "비전은 어떤 역경 속에서도 스스로 만들어야 하는 것"이라고 얘기해주었다.

직장으로부터 일방적인 통보를 받고 갑자기 퇴임한 사람들도 희망을 만들고 무슨 일이든 하면서 열심히 산다. 그런 사람들을 생각하면 그는 마음을 고쳐먹어야 한다. 세상을 살다 보면 끊임없이 어려운 상황에 놓이게 된다. 그럼에도 불구하고 좌절보다는 비전을 만들고 목표를 설정한 후 끊임없이 노력해야 하는 게 우리의 숙명이다.

비전이 있는 삶과 비전이 없는 삶에는 큰 차이가 있다. 심하게 표현하면, 살아 있는 것과 죽어 있는 상태 정도의 차이다. '원대한 이상을 품고 살아가는 삶'과 '흘러가는 대로 살아가는 삶'이 어찌 같을 수 있겠는가.

비전을 만드는 삶은 절대 편하지 않다. 비전을 쫓으려면 많은 어려움이 있다. 비전은 또 자기 관리와 통제를 요구한다. 허투루 사는 삶이 사라져야 하기 때문이다. 삶의 길잡이 역할을 하는 동시에 규제의 역할도 하는 게 비전이다.

박사 과정을 밟을 때였다. 어렵게 시작은 했지만, 길이 험했다. 사업을 하면서 일주일에 몇 번씩 스터디에 참석하는 게 쉽지 않았다. 시간을 내는 것도 어려웠지만, 스터디 자체가 힘들었다. 난다 긴다 하는 친구들과 몇 시간씩 토론을 하다 보면 진땀이 났다. 머리 회전도 잘 안 되고, 생각을 말로 표현하는 것도 어려웠다. 결국에는 죽도 밥도 안 되겠다 싶어서 회사 일을 제쳐두고 박사 과정에 매달렸다. 그럼에도 불구하고, 늦은 공부는 많이 힘들었다.

어디 비전을 이루는 과정 중 박사 학위 받기만 힘들었을까? 직원들을 한 방향만 바라보게 만드는 일, 화목한 가정을 만드는 일, 사회에 공헌하는 삶을 만드는 일, 모두 많은 에너지가 필요했다.

대신 결과는 달콤했다. 스스로 그린 비전을 하나씩 이루고 나면,

마치 에베레스트 같은 높은 산 정상에 있는 것처럼 후련했다. '고통은 순간이지만 성취감은 영원하다'는 말을 실감할 수 있었다.

비전을 만드는 데에는 나이, 성별, 경제적 능력 등 개인차는 아무런 문제가 되지 않는다. 이 세상 그 누구도 만들 수 있고, 실천할 수 있다. 가치 있는 삶을 찾는 데 나이가 무슨 대수이겠는가? 이십대 파릇파릇한 청춘의 하루가 중요하듯, 일흔 살 노인의 하루도 마찬가지로 중요한 것이다. 간혹 단순히 늙었다는 이유로 노인들을 바라보며 '일흔 넘은 노인에게 무슨 비전이 있을까?' 혹은 '죽을 날을 기다리는 것밖에 없겠지'라고 생각하는 사람들이 있다. 정말 어리석기 짝이 없는 생각이다. **나이에 상관없이 이 세상 모든 사람에게는 비전을 만들고 꿈을 이루기 위해 노력할 수 있는 권리가 있다. 왜냐하면 그 자체가 인생이기 때문이다.**

사회생활을 하다 보면, 뜻하지 않게 위기를 맞게 된다. 누군가에게 부탁을 할 수도 있고, 자존심 상할 일도 생긴다. 견뎌야 한다. 힘들다고 울지 말고 계획을 세워라. 새로운 샘물이 솟아나듯 현재의 그 상황에서 끊임없이 비전을 만들어라. 그러면 된다. 비전을 그리는 삶이 진짜 인생이다.

자발성 自發性

하거나 혹은 하지 않거나

요즘 들어 세간에서 '창의創意'에 관한 이야기를 많이 한다. 창의성이 있느니 없느니, '밖에서는 일 잘하는 사람도 월급쟁이가 되면 창의성이 사라진다'느니, '일할 때 하던 대로 하지 말고 크리에이티브를 곁들여라!'는 등 그야말로 창의성이 화두가 되었다.

창의성! 좋은 말이다. 어떤 일이든 창의성을 발휘하면 결과가 달라진다. 그런데 이 창의성이란 놈이 별나서 억지로 발휘한다고 나오는 게 아니다. 또, 창의성에 대한 이야기가 많다는 것은 역으로 우리 사회에 창의성이 결여되어 있다는 의미이기도 하다.

창의성이 나오려면 누가 시켜서 일하는 버릇에서 벗어나 스스로 일하는 습관을 들여야 한다. 능동적으로 움직여야 비로소 창의성이 발현된다. 바로 이때 스스로도 놀랄 만큼 에너지가 발생해 좋은 결과로 이어진다. 그런데 능동적으로 움직이기 위해서는 무엇이 필요할까? 이것도 다 마음의 문제여서 조건이 갖추어져야 한다. 일이 좋거나, 조직이 좋거나, 상사가 좋거나, 하여튼 뭐든 맞아야 한다. 마음이 먼저 움직여야 동기가 생기기 때문이다.

나는 사석에서 후배들이나 직원들에게 종종 "스스로 알아서 일하라"는 말을 한다. 말을 해놓고도 이내 그 말 안에 모순이 있다는 사실을 깨닫는다. 창의성은 자발적으로 나오는 것일진대, 내가 하는 말 자체가 강요일 수 있으니까. 그래서 직원들에게 창의성을 발휘해라'는 직접적인 표현을 하기에 앞서, 그럴 수 있게 유도해야 한다. 여기에 들어맞는 표현이 '넛지 효과nudge effect'이다. 넛지nudge는 '옆구리를 슬쩍 찌른다'는 뜻인데, 강요하지 않고 유연하게 개입하여 결국 상대방이 자발적으로 일하게 유도하는 방법을 말한다. 훌륭한 선배, 노련한 CEO들은 이 방법을 잘 활용한다.

사실 '자발적으로 일하는 인재가 되라'는 말은 그저 조직에서 인정받는 사람이 되라는 이야기가 아니다. 자발적으로 일하는 습관이 쌓이면 실적은 당연히 올라가고, 삶까지 바뀌게 된다. 또한 사회에서 훌륭한 리더로 성장할 수 있다. 어차피 해야 할 일이라면 즐겁게, 자발적으로 하는 게 최고의 방법이다.

영화 〈스타워즈〉를 보면, 제다이의 그랜드 마스터 격인 요다가 주인공에게 무술을 가르치면서 이런 말을 한다.

"하거나 안 하거나 둘 중에 하나일 뿐, 해보겠다는 것은 없다."

조직에서 일을 할 때에는 이런 마음 자세가 필요하다. 상사로부터 일을 지시받았을 때, "한 번 해보겠습니다"보다는 "확실하게 하겠습니다"라고 말하고, 실제 일도 그렇게 해나간다. 당연히 결과도 좋을 것이다. 물론 때론 그 결과가 좋지 못할 수도 있다. 하지만 그렇다 하더라도 상사나 상대로부터 신뢰는 얻을 수 있을 것이다.

자발적으로 일하면 눈에 보이는 성과 외에도 얻는 게 많은 반면, 누가 시켜서 억지로 일하는 습관이 몸에 배면 늘 쫓겨서 살게 된다. 업무 성과가 좋을 리 없을 뿐 아니라, 늘 피해의식 속에서 살아가게 되고 매사에 부정적이 된다. 리더가 될 수 없다.

요즘 젊은 친구들을 보면 스펙은 과거와 비교해 월등하게 좋은 데 반해 특색이 없다. 다들 성향도 비슷하고 능력도 비슷하다. 누구에게 일을 시켜도 비슷비슷한 결과물이 나온다. 이런 분위기에서 빛을 발하는 게 바로 창의력이다. 그런데 말이 좋아 창의력이지, 이건 원한다고 가질 수 있는 것도 아니고, 노력한다고 얻어지는 것도 아니다. 창의력은 자발성이 전제되어야 나오기 시작한다. 창의성이 부족한 사람은 '스스로 알아서 일한다'는 생각이 부족한 것이다.

고등학생을 대상으로 '공부의 자세'를 가르치는 학원이 있다. 그런데 우리가 알고 있는 입시학원과는 많이 다르다. 우선 학습을 지도 하는 교사는 있지만 지식을 전달해주는 교사는 없다. 말하자면 아이들 스스로 공부하게 안내하고, 스스로 학습하는 시간만 관리해주는 곳이다. 이곳에 다니는 학생들은 절대로 다른 입시학원에 다니지 않는다. 매일 이곳에서 혼자 공부하는 것이다. 그 결과는 실로 놀라웠다. 수도권에 있는 대학에 들어가기도 버거워하던 학생들이 명문대에 속속 입학했다. 모두 스스로 공부한 덕분이다.

스스로 일하는 습관을 들이면 개인적인 발전이 따라오고, 일에 대한 성과 역시 크다. 신선한 아이디어가 나오고, 창의력이 발휘되기 시작한다. 진짜 인생이 시작되는 것이다.

자발적으로 일할 수 있는 기회를 만들라. 작은 일도 상관없다. 스스로 했다는 사실이 자발적인 동기가 될 것이다. 그리고 그 경험을 반복하라. 열기가 식기 전에 자꾸 좋은 경험을 만드는 것이다. 어차피 하는 사회생활, 창의적인 열정을 가득 품고 자발적으로 하자.

젊어서 고생은 사서도 한다는 말이 있다. 젊어서 고생을 하면 그것이 귀중한 경험이 되어 나이 먹어서 마주하게 되는 어려운 일도 잘 극복할 수 있다는 속담이다. 그런데 나이를 먹어도 여전히 어려움을 겪고 있다면 아마 고생을 고난이나 부정으로만 받아들이고 일에 끌려갔기 때문일 것이다.

현실의 어려움을 어려움으로 받아들이기보다 긍정적으로 받아들이자. 그런 사람이 일을 리드하는 사람이다. 고생을 사서도 하는 사람이 바로 일을 리드하는 사람, 자발적인 사람이다.

책임責任

이것만 있다면,
무엇이 문제인가?

다른 기업 CEO들과 사석에서 만나면, 직원들의 일하는 자세에 대한 이야기를 많이 한다. 좋은 이야기는 잘 안 나온다. "책임감 있게 일하려는 사람이 드물다"는 말이 주를 이룬다. 기업의 사장들 사이에서 그런 말이 나오는 데에는 그만한 이유가 있다. 스스로 '지금 내가 왜 이 자리에서 일하고 있는가?' 그 이유를 모르는 직원들이 참 많기 때문이다.

답은 간단하다. **자기 자리가 있다는 건, '그 자리를 책임지라'는 이야기이다.** 조직에 소속돼 있으면, 자리의 높낮이에 상관없이 해야 할 일이 있다. 그 일에 책임감을 갖는 것, 이것은 직원이 가져야 할 당연한 의무다. 그런데 어찌 된 일인지 이 당연한 사실을 인식하고 있는 사람이 많지 않다.

조직이 무리 없이 돌아가려면 조건이 있다. 조직의 규모에 맞는 일이 있어야 하고, 일을 처리하는 체계가 차곡차곡 정리돼 있어야 한다. 조직원들은 자기가 해야 할 일을 완벽하게 숙지하고 있어야 하며, 일의 순서마다 각 부서 책임자가 처음 시작과 마무리를 해주어야 한다. 이 정도는 준비하고 움직여야 결과물이 나온다.

물론 아무리 신경을 써도 문제가 생길 수 있다. 업무상 과실이 발생했을 때, 조직원은 스스로 책임지겠다는 마음으로 지체 없이 움직여야 한다. 너무 당연한 이야기인데, 실제 문제가 터졌을 때 책임을 지려는 사람이 많지 않다. 서로 책임을 떠넘긴다. 조직 내 업무는 딱 떨어지기도 하지만, 일부는 다른 사람과 교집합처럼 걸쳐 있다. 겹쳐진 부분은 본인 책임이 아니라고 주장하는 것이다. 문제가 발생했을 때 제일 먼저 해야 할 일은 문제를 해결하는 것인데, 조직원이 서로 책임을 묻는 사이 문제는 점점 더 커지고 만다. 나중에는 경영자가 직접 실무를 처리하는 일까지 벌어진다. 조직원들의 일하는 자세가 제대로 갖춰지지 않아서 문제가 생긴 것이다.

경영자는 실무에서 최대한 역할을 줄이는 게 좋다. 실무를 처리하기 시작하면, 기업의 미래를 설계할 수 없다. 좀 심하게 표현하면, 사장이 평사원 일을 하고 있는 것이다. 평사원 눈높이가 되면 일부분은 자세히 볼 수 있지만 전체를 보지 못한다. 그래서 조직은 경영자의 업무를 보호하고 존중해야 할 의무도 있다. 이렇게 문제가 문제를 낳는 구조가 되어서는 안 된다. 그래서 조직원은 본인의 임무는 어떻게든지 본인 스스로 해결한다는 마음을 가져야 한다.

임원처럼 조직에서 높은 자리에 있음에도 불구하고 책임감 없는 사람들이 있다. 본인은 뒷짐을 지고 있으면서 누군가 일을 해결해주기를 바란다. 본래 책임지길 싫어하는 사람들이다. 이런 부류는 조직에 필요 없는 사람이다. 그런데 참 아이러니한 사실은 이런 사람들이 그렇지 않은 사람보다 조직에 더 오래 붙어 있다는 것이다.

오래전, 우리 회사에서 진행한 일 중에 현장에서 고객의 신뢰를 잃는 사건이 일어났다. 그냥 넘어갈 문제가 아니었다. 임직원 회의 시간, 그 사고 하나를 끄집어내기보다는 구조적인 문제를 해결해보고자 '업무 프로세스에서의 문제점'에 대해 이야기를 나누어보자고 화두를 던졌다. 잘잘못을 따지기 위해서가 아니었다. 문제가 반복되는 일이 없게 하려고 꺼낸 것이다. 그럼에도 불구하고 이야기하는 사람은 없었다. 문제점을 이야기하면 잘못을 스스로 인정하는 일이라 생각하는 듯 보였다. 참 실망스러웠다. 기본적으로 책임지는 마음이 부족한 것이다.

실무자는 그렇다고 치고, 책임을 회피하는 임원을 조직원들이 어떻게 볼까? 자기 임원을 우습게 보는 것은 말할 것도 없고, 자신들 역시 책임감 없는 조직원이 돼도 상관없다고 생각할 것이다. 참으로 불행한 일이다.

반대로, 설사 문제를 해결하지 못하더라도 "이번 일은 전적으로 내가 책임지고 마무리하겠다"고 말하는 임원 밑에서 일한다면 스스로도 그런 사람이 되려고 노력할 것이다. 그래서 책임감 있는 사람들이 주로 임원이 되는 것이고, 그런 임원들이 많아야 조직이 탄탄해진다.

자연의 원리를 비교해도 알 수 있는 일이다. 큰 파도가 밀려올 때 방파제가 제 역할을 해내면 마을은 피해를 입지 않는다. 그러나 방파제가 부실해서 제 역할을 제대로 해내지 못하면 파도에 의해 마을은 쑥대밭이 되고 만다. 우리는 일본의 쓰나미 사건을 통해 큰 교훈을 얻었다. 기업의 임원이나 조직원들은 방파제나 다름없다. 자기 몫에 대해 반드시 책임지겠다는 마음을 가져야 한다.

좋은 일이 있을 때 생색내려는 사람들이 많은 조직은 어려움이 생겼을 때 뒤로 빠지려는 사람이 많은 조직일 가능성이 많다. 이런 조직은 지금 당장은 회사가 아무리 튼튼하더라도 위기에 쉽게 흔들릴 수밖에 없다. '인사가 만사'라 했다. 사람들이 모여서 좋은 일을 할 수 있는 분위기는 서로 만들어나가야 한다.

오래전 아내가 TV 드라마를 보다가 갑자기 무슨 생각이 들었는지 자기를 사랑하느냐고 물었다. 농담 비슷하게 물었지만, 그렇다고 간단하게 대답하고 싶지는 않았다. 사랑한다는 말보다 더 확실한 말을 해주고 싶었다. 그래서 "나는 당신에게 무한한 책임감을 가지고 있소"라고 말했다. 그 말에 아내는 내심 좋아하면서도 끝까지 사랑한다는 말을 하라고 했다. 그러나 나는 끝내 그 말을 하지 못했다.

내가 대답하지 못한 것은 아내를 사랑하지 않아서가 아니다. 평생 사랑한다는 말을 입으로 해본 적이 없어서 낯설기도 하고, 더 솔직하게 말하면 사랑은 언제든 변할 수 있다고 생각하기 때문이었다. 그러나 책임감은 다르다. 언제 어떤 상황에서도 최선을 다한다는 의미이다. 그래서 나는 사랑보다 책임감을 더 중요하게 여긴다.

책임감, 이게 없으면 아무것도 이룰 수 없다. 우선 자기 자신에 대해 책임을 져야 한다. 자기 자신에게 책임을 다하는 사람은 자신과 관련된 건강 관리나 자기계발에 충실할 뿐만 아니라, 자신의 가정과 직장 등 자신이 소속된 어느 것 하나 소홀하게 관리하지 않는다. 가정이나 사회에서 신뢰가 쌓인다. 그래서 책임감이 무엇보다 중요한 것이다.

정치인의 생명은 채소와 같다. 채소는 새벽 공판장에 나와서 제 날짜에 팔지 못하면 저녁에 떨이로 팔거나 그것도 아니면 쓰레기가 된다. 정치인도 마찬가지다. 아무리 화려한 경력의 정치인이라도 잘못된 모습으로 여론의 도마 위에 오르면 정치 생명은 끝이다. 그러나 해양수산부 이주영 장관은 달랐다.

해양수산부장관으로 취임하고 업무도 파악하기 전인 취임 41일 만에 세월호 사건이 일어났다. 그는 주무장관으로서 유족들로부터 온갖 곤혹을 치렀다. 당시는 정치 생명이 거의 끝났구나 하는 분위기였다. 하지만 그는 책임을 통감하고 유족들에게 진정으로 다가서

며, 그들과 함께하는 마음으로 수염도 깎지 않고 139일 동안 팽목항 사고 장소에 머물렀다.

많은 정치인들은 어떤 일이 일어나면 벌어진 일을 수습할 생각은 않고 비겁하게 사퇴부터 하는 것으로 마무리를 하려고 한다. 이것은 비겁한 행동이다. 피하지 말고 책임을 다해야 한다. 사퇴하는 것은 책임자의 자세가 아니다. 책임을 지기 위해서 그 자리에 임명을 받았다면 당연히 책임을 다해야 한다. 당시에 유족들부터 온갖 소리를 다 들으며 함께 생활한다는 것은 감당하기 어려운 일이었을 것이다. 그러나 지성이면 감천이라 피하지 않고 최선을 다하니 유족들로부터 진심을 인정받을 수 있었다. 이러한 헌신적인 정신으로 정치적 인지도는 장관 취임 이전보다 더 높아졌다. 그러나 이유야 어찌 되었건 책임을 지고 사퇴하고 말았다면 정치 생명에 치명적 오점으로 남았을 것이다.

어려움을 어려움으로 받아들이지 말고 정면으로 맞서 최선을 다하는 것이 책임을 다하는 것이다. 조직에서나 사회생활에서 자주 일어나는 일이다. 역전의 기회를 놓치지 말자. **책임지는 일은 잠깐이지만 신뢰는 영원하다.** 지금 당신은 자신의 위치에서 책임을 다하고 있는가? "사람은 죽으면 이름을 남기고 호랑이는 죽으면 가죽을 남긴다"라고 했다. 사람의 중요성은 이름이고, 호랑이의 중요성은 가죽이다. 사람에게 있어 이름의 중요성을 강조한 것이다. 인간관계에서는 신뢰를 얻고 이름값을 하기 위해서는 책임을 다하여야 한다. 지금 당신은 자신의 위치에서 책임을 다하고 있는가?

자신은 조직에서 열심히 하는 것 같지만 업무 하나하나를 객관적으로 보면 업무 성과는 크지 않다. 피해의식에 사로잡혀 있을 뿐 아니라, 조직에 대한 불평 불만도 많고 사건 사고들이 일어났음에도 적극적으로 해결하려는 자세가 아니다. 왜 이런 일이 벌어지는 것일까?

스스로 주인이 아니라고 생각하기 때문이다. 진정한 주인이라고 생각하면 아무리 뛰어도 피곤하지 않다.

조직에서 상사에게 업무 성과에 대해 생색내기를 잘하거나, 힘들다고 우는 소리 잘하는 사람이 있다. 이는 조직에서 자신의 수명을 단축하는 일이다. 처음 한두 번은 "힘들겠구나? 수고했다"라고 할 수는 있다. 그러나 그 이상은 없다. 그저 입버릇처럼 하는 소리로 받아들이게 된다. 반면에 "힘들어도 최선을 다하겠습니다" "이 정도는 별것 아닙니다"라고 말하는 사람이 진정으로 조직에서 인정받게 된다.

포지션 position

지금 당신이 서 있는 바로 그곳

지금 하고 있는 일이 불편하다면, 자신의 자리가 아닐 수도 있다. 사람은 언제, 어디에서 무슨 일을 하건 늘 자기 자리를 알아야 한다. 그리고 그 자리에 맞게 행동해야 한다. 상대가 편하게 해준다고 마냥 풀어져서도 안 되고, 지위가 있다고 상대를 쉽게 대해서도 안 된다.

사회는 늘 우리를 평가하고, 그 평가를 바탕으로 일을 주기도 하고 빼앗기도 한다. 사회는 냉정한 곳이다. 실수를 하지 않으려면 포지션에 대해 늘 고민해야 한다. 내가 하고 있는 언행이 나에게 맞는 것인지 고민해야 한다. 그리고 그보다 먼저 지금 내가 있는 자리가 나에게 맞는 자리인지 생각해보아야 한다.

가끔씩 느닷없이 회사에 사직서를 던지고 조직을 떠나는 사람들을 보게 된다. 실력도 좋고 조직의 대우도 좋은 편인데 불쑥 그만둔다. 그렇다고 더 좋은 직장으로 옮기는 것도 아니다. 오히려 옮긴 곳이 이전만 못한 경우도 많다. 이런 선택을 보면 대부분 고개를 갸우뚱거린다. 그러나 시간이 지나면 그의 선택이 참으로 용기 있는 행동이었다는 걸 깨닫게 된다. 더 이상 자기 자리가 아니라고 판단해서 다른 사람에게 자리를 비워준 것이다.

다른 사람이 있어야 할 자리에 있는 것은 세상의 흐름을 역행하는 일이다. 본인의 인생을 불행하게 만드는 일임과 동시에 다른 사람의 인생까지 막는 일이다. 그러니 힘들더라도 자리 욕심은 과감하게 버려라.

지금 그 자리에 어울리지 않는 사람이 앉아 있는지 어떻게 점검할 수 있을까? 내가 속해 있는 조직이 제대로 돌아가지 않는다면, 우리 사회에서 예전에 없던 문제들이 발생하고 있다면, 누군가 역량이 부족한 사람이 중요한 자리에 앉아 있다고 판단해야 한다. 자신의 잇속만 챙기다 보니, 조직과 사회에 피해를 주고 있는 것이다. 이런 문제를 일으키는 사람들에게는 "당신이 상대에게 얼마나 피해를 주고 있는지 알고 있습니까?"라고 물어서 자각시키는 것도 방법이 될 수 있다.

'나의 회사'라는 것은 없다. 설사 지분을 100퍼센트 가지고 있다고 해도, 나의 회사는 아니다. 조직원 모두의 회사인 것이다. '나'를 중심으로 생각해서는 안 되고, '조직 안의 나'로 생각해야 하는 이유가 여기에 있다. 젊은 나이이긴 했지만, 나 역시 서른둘의 나이에 회사를 그만둘 때 그런 생각을 했다. 나의 열망에 비해 주어지는 일이 턱없이 부족하다는 것도 이유였지만, 어쨌든 나는 스스로 그 조직에 어울리지 않는다고 생각했다. 다른 사람에게 피해가 될 수 있다고 생각했다. 그래서 나왔다.

조직을 떠나기로 마음먹었다면, 미련을 두어서는 안 된다. 감사한 마음으로 떠나야 한다. 싫든 좋든 한동안 녹을 먹었던 곳이니 마지막 애정은 남겨야 한다. 특정인과 불편한 관계가 있었다면 떠날 때 모든 것을 풀고 관계를 정리하는 게 아름다운 이별이다.

회사는 여럿이 함께 물을 긷는 우물이다. 그 우물에 침을 뱉고 떠난다면 그 우물로 살아가는 후배들이 피해를 보게 될 뿐더러 결국은 자신도 그 피해를 입게 된다. 그 우물이 못마땅하고 마음에 들지 않아도 그저 조용히 떠나는 게 좋다. 그 한 번의 인내가 나중에 보석이 되어서 돌아올 수 있다.

힘든 것 안다. 억울한 부분이 있는 것도 잘 안다. 그러니 더더욱 훌훌 털어버리자는 것이다. 자기 자리 아닌 곳에 있다가 자기 자리를 찾은 사람들은 한목소리로 이렇게 이야기한다.

"나오길 정말 잘했어!"

어느 지인의 이야기이다. 그는 바쁜 회사생활 속에서 시간을 쪼개 어느 모임에 참석했다고 한다. 그 모임의 구성원들은 나이 차도 많이 나고, 직업도 다양했다. 그는 그 모임에서 회원들의 추천에 의해 회장이 되었다. 본인이 원해서 맡은 것은 절대 아니었다. 분위기가 그렇게 되어서 회장이 되었다. 그때부터 문제가 생겼다.

하나의 모임이 잘되려면 첫째는 회장이 경제적으로나 시간적으로 여유가 있어야 한다. 그래야 포용력이 생겨서 여러 사람을 챙길 수 있다. 그러나 그에게는 그럴 여유가 없었다. 물론 최선을 다했으나, 다양한 회원들을 하나로 모으기에는 여러 가지가 부족했다. 얼마 가지 않아 회원들 사이에 갈등이 생겼다. 유언비어도 떠돌았다. 모임 분위기가 완전히 무너졌다. 사사건건 비협조적인 회원들도 생겼다. 그는 몇몇 회원들의 부정적인 행동에 열의를 잃었고, 모임에 대한 애정도 잃고 말았다. 고민 끝에 임기를 마무리하지 못하고 회장 자리에서 물러났다. 회원들에게 미안한 마음은 있었지만 마음은 편안해졌다. 그제야 그는 회장 자리가 자기 포지션이 아니었다는 사실을 깨달았다고 한다.

조직이 잘 돌아가기 위해서는 단순히 사람들의 숫자가 중요한 게 아니다. 조직의 일을 자기 일처럼 책임을 다해 일하는 사람들이 얼마나 있는지가 중요하다.

친목회 등 모임을 생각해보자. 봉사하려는 마음은 없으면서 집행부라고 어깨에 힘을 주는 사람들이 있다. 행사 때마다 이런저런 변명으로 잘 참여하지 않는 사람들도 있다. 이런 사람들이 많으면 모임이 잘 돌아가지 않는다. 회사 조직도 마찬가지다. 이런 사람이 많을수록 위기가 왔을 때 극복하지 못하고 이내 무너지고 만다.

반면에, 어려운 상황에서도 적극적으로 참여하고 최선을 다해 행동하려는 사람이 많을수록 조직은 쉽게 무너지지 않는다. 중요한 것은 마음의 자세이다.

한 번쯤 지금 있는 곳이 자신의 자리인지 따져보자. 혹시 자기 자리가 아니라는 생각이 든다면, 다른 사람을 위해 조직을 떠날 준비를 시작하라. 자신이 자리를 비워주면 조직이 더 원활히 움질일 것이고, 당신은 지금보다는 행복한 삶을 얻을 수 있다. 혹시 후배의 앞길을 막고 있다는 생각이 들지는 않는가? 혹시 자신의 적성과 전혀 다른 일을 하고 있다는 생각이 들지는 않는가? 이런 고민을 해보자. 지금 서 있는 곳이 자신과 어울리는 곳인지 아닌지는 누구보다도 본인이 가장 잘 알고 있을 것이다.

포지션, 자기가 있어야 할 자리. 당신은 지금 그 자리에서 위치에 맞게 잘하고 있는가?

성공의 조건

자기효능감, 계획, 마음

사회생활에서 성공하기 위해서는 성실함과 함께 '야성野性'도 필요하다. 어렵고 힘든 순간도 견딜 줄 알아야 하기 때문이다. 정도의 차이가 있을 뿐, 요즘 젊은 친구들은 대부분 '야성 부족', '의지의 나약함' 같은 문제를 가지고 있는 것 같다. 우리 세대와 다르게 다들 귀하게 자란 탓이다. 성인이 된 이후에도 부모에게 의존하려는 습성이 남아 있는 것을 볼 때마다 이건 아닌데 싶다. 이런 친구들에게는 '자기효능감을 갖고, 스스로 계획하는 삶을 살며, 마음을 관리하라'는 이야기를 해주고 싶다.

첫째, '자기효능감'을 가져야 한다.

자기효능감自己效能感, self-efficacy이란 개인이 주어진 상황에 자신감을 가지고 얼마나 잘 대처하는가의 문제이다. 자기효능감이 높은 사람은 어려운 상황에서도 자신이 유능하다고 믿고, 따라서 일을 성공적으로 수행하여 성과를 달성할 것이라는 신뢰를 갖는 경향이 있다. 자기효능감은 개념적으로 자기존중감과 유사하다. 미국의 심리학자 앨버트 밴두러Albert Bandura는 한 사람의 자기효능감이 네 가지 원천에서부터 생성된다고 지적했다.

첫 번째 원천은 '과거의 성과'이다. 업무 수행에 있어서 성공한 경험이 있는 사람은 실패한 경험이 있는 사람에 비해서 높은 수준의 자기효능감을 갖는 경향이 있다. 그래서 작은 일에 성공한 경험을 가진 사람은 자기효능감을 자극하여 미래에 더 큰일을 해낼 수 있도록 해준다는 의미이다.

두 번째 원천은 '대리 경험'이다. 동료가 특정한 과업에서 성공을 거두는 것을 보게 되면 '나도 할 수 있다'는 자기효능감이 증가하게 된다.

세 번째 원천은 '구두 설득'이다. 조직의 구성원이 특정 과업을 잘 수행할 수 있는 능력이 있다는 것을 확신시키고 설득시키면 그 사람의 자기효능감을 불러일으킬 수 있다는 얘기다.

네 번째 원천은 '개인의 생리적인 상태'이다. 중요한 과업을 앞두고 있으면 가슴이 두근거린다든지, 땀이 많이 난다든지, 얼굴이 빨

개진다든지, 머리가 아파온다든지 하는 증세를 보이는 경우가 있는데, 이것은 실패에 대한 두려움과 성공에 대한 중압감이 신체에 영향을 주는 것으로 이해할 수 있다. 이러한 신체적 증세가 오게 되면, 자기효능감은 급격히 떨어지게 되어 실제로 나쁜 결과로 이어질 때가 많다.

직접 경험이든 간접 경험이든 자꾸 성공을 경험하는 게 중요하다. 성공이 습관이 되면 인생이 성공의 길로 갈 가능성이 높다. 사실 성공에 '큰 것', '작은 것'을 운운하는 것은 의미가 없다. 다들 중요한 일을 해냈으니까.

자기효능감이 높은 사람은 주변 사람들에게 에너지를 주고, 훌륭한 리더로 성장할 가능성이 높다. 조직에 이런 사람들이 많으면 사업의 과정과 결과가 모두 좋아진다. 자기효능감이 높은 사람은 이 시대가 원하는 인재상이다.

둘째, 매 순간 계획을 세워야 한다.

실천에 관한 이야기이다. 모든 일은 구체적인 계획 아래 이루어져야 한다. 계획 없이 일하는 것은 설계도 없이 집을 짓는 것과 같다. 설계도 없이 집을 지으면, 업무량만 늘어나고 집이 완성되는 시기는 예측조차 하기 힘들다. 모든 사람을 힘들게 만든다.

목표를 정하라 ➡ 계획을 세워라 ➡ 일의 우선순위를 정하라 ➡ 즉시 실천하라이 세상 모든 일이 이 순서로 진행된다. 보통 기업에서 프로젝트를 진행하는 순서(상황 분석 → 목표 설정 → 전략 수립 → 전략 수행)와 거의 흡사하다. 이 순서 중 가장 중요한 게 '목표 설정'이다. 목표가 있어야 무슨 일을 해야 하는지 고민하게 되고, 동기도 부여된다. 이것이 성공의 과정이다. 사람 마음은 다 똑같다. 목표나 계획이 없으면 마음이 풀어져서 1시간이건 10시간이건 시간을 그냥 흘려보낸다. 자기 인생인데 아까워하지도 않는다. 목표와 계획이 뚜렷하고 열정이 있으면 일에 재미가 붙고 주변의 유혹이 귀에 들어오지 않는다. 목표에 미치게 된다.

계획은 '전략'이다. 계획을 세울 때는 장기, 1년, 6개월, 월간, 주간, 1일, 오전, 오후, 시간, 분까지 쪼개서 세울 수 있다. 계획을 세우면 그 기간에 정해진 목표를 달성하기 위해서 최선을 다하게 된다. 그 시간들이 모이면 성공이 된다.

나는 바쁠 때에는 1시간도 쪼개서 계획을 세운다. 그리고 그 시간 시간에 최선을 다한다. 사업과 학업을 병행하던 삼십대에는 시간이 부족해서 5분씩 쪼개서 공부했는데 그 버릇이 지금까지 이어졌다. 그 당시 몰입의 힘이 엄청나다는 것을 깨달았다. 그래서 요즘도 시간을 쪼개서 계획을 세운다.

꿈과 목표를 갖고 열정으로 도전하면 그렇지 못한 사람에 비해 성과가 훨씬 커진다. '나는 할 수 없다'라고 생각하는 사람은 절대 성과를 낼 수 없다. 성공에 대한 강한 신념이 있어야 목표가 현실이 된다.

셋째, 마음을 잘 관리해야 한다.

사람의 마음은 주위 환경에 따라서 실시간으로 변한다. 기쁨, 슬픔, 느슨함, 빽빽함, 할 수 있다, 할 수 없다 등 순간순간 복잡하게 움직인다. 일에 집중하기 위해 마음을 어떻게 관리하느냐가 중요하다. 공부를 잘하기 위해서는 그에 맞는 자세가 있는 것처럼, 일할 때에도 집중할 수 있는 자세가 필요하다.

조선시대 최고 유학자로 손꼽히는 퇴계 이황은 공부의 자세를 '경敬'으로 설명했다. '문文은 이론으로서만 존재하는 것이 아니라 인격 완성을 위해 수양할 때 비로소 참된 것'이라고 주장한 퇴계의 수양론修養論은 '심心'과 '경'을 두 축으로 했다. 퇴계는 '심'을 수양이 이루어지는 바탕으로, '경'은 수양을 실천하는 방법이라고 했다. 퇴계 사상의 핵심이라고 할 수 있는 '경'은 차분하고 엄숙한 마음 상태를 말한다. 퇴계 이황은 잡념이 사라지고, 몰두하기에 가장 좋은 상태가 되어야 비로소 공부가 이루어진다고 했다.

생각해보면 맞는 말이다. 운동장에서 격한 운동을 하고 바로 책상에 앉으면 공부에 집중하기까지 한참 시간이 걸린다. 숨을 헐떡거리고, 땀을 닦느라 글자는 눈에 들어오지 않는다. 과식을 하고 난 이후도 그렇다. 우등생들을 자세히 살펴보자. 쉬는 시간에 심하게 움직이는 법이 없다. 공부를 시작할 때 들뜬 상태에서는 몰입할 수가 없다는 사실을 경험을 통해 알고 있는 것이다.

일도 마찬가지다. 직원들과 시끄럽게 수다를 떨고 자리에 앉으면 한동안 마음이 들떠서 일이 손에 잡히지 않는다. 그렇게 몇 번 하고 나면, 퇴근 시간이 되고 일은 다음 날로 미루게 된다. 그렇게 하루가 가고, 일주일이 가고, 1년이 간다. 이룬 게 없다. 근무지에서는 100 퍼센트 몰입한다는 마음으로 일을 해야 한다.

토요일은 좀 거칠게 보내더라도 일요일은 조용하게 마음을 정리하면서 보내야 업무의 몰입도가 높아지고 월요병도 생기지 않는다. 몸이 피곤하고 스트레스가 쌓인다 해서 일요일에 술을 먹고 낮잠을 많이 자고 나면 월요병에 걸린다. 이 여파는 화요일까지 이어질 수 있다.

사회에서 생각하는 성공과 개인이 생각하는 성공은 다르다. 사회적인 성공은 보통 권력이나, 부, 명예 등을 말하지만, 개인적인 성공은 스스로 설정한 꿈과 목표를 달성하면서 느끼는 만족감이다. 어느 것이 더 중요하다고 말할 수는 없다. 모두 소중한 가치를 가지고 있기 때문이다.

자기효능감, 목표, 마음 관리. 이 세 가지는 모두 개인적인 성공과 관련이 있다. 겉으로 드러나지는 않지만, 스스로 강해지는 방법이다. 이 세 가지를 잘 실천하면 역량이 된다. 역량이 강해지면 일부러 노력하지 않아도 능력은 '주머니 속 송곳'처럼 도드라지게 돼 있다.

젊은 시절은 자기를 뽐내는 데 허비하는 시기가 아니다. 역량을 키우는 시기이다. 어차피 진짜 승부는 사십대 이후에 걸게 돼 있다. 서두를 필요는 없다.

기억하라. 목표를 세우고 실천하라. 동시에 마음을 관리하라. 대부분의 사람들은 어떤 일에 공감하면서도 실행에 잘 옮기지는 못한다. 성공한 사람 중에 실행형 인간이 아닌 사람은 없다. 생각을 실천하는 습관만 가져도 절반은 성공한 셈이다.

6

리더십

때로는 강하게,

때로는 부드럽게

정면 돌파正面突破

판단력과 추진력을 무기 삼아 앞으로 진격!

사업을 하다 보면 가끔 이것을 선택해도 손해고 저것을 선택해도 손해인 때를 만나게 된다. 그렇다고 둘 중 하나를 선택하지 않으면 더 큰 손해를 보게 되는 경우, 이럴 때는 '최소한의 손해'를 선택하는 방법밖에는 없다.

나는 이럴 때 잠시 조용히 눈을 감고 어느 선택이 최선일지 시뮬레이션을 돌려본다. 그리고 A안이든 B안이든 하나를 선택하고 눈을 뜬다. 이후 선택하지 않은 안에 대해서는 잊고 미련을 버린다. 선택한 안에 대해서만 긍정적으로 생각한다.

사업에서 추진력만큼 중요한 것이 결단력이다. 창업 초기 나에게는 기술, 자본, 경험, 인맥 등 사업에 필요한 자원이라고는 하나도 없었다. 하나 있었다면 그저 정면 돌파하는 용기뿐이었다. 다행히 그 무모함이 창업 초기에 큰 힘이 되었다. 기업은 흥하느냐 망하느냐 두 가지 중 하나이다. 늘 참으로 절박한 상황에 놓여 있다. 그러니 자본이나 인맥이 없다고 걱정만 하고 있을 수는 없었다. 맨몸으로 부딪혀서라도 얻어내야 했다.

얼굴 한 번 부딪히려고 어느 기업 회장 집 앞에서 며칠이고 기다리기도 했고, 일면식도 없는 대기업 사장에게 무작정 찾아가 일을 달라고 부탁하기도 했다. 다소 무례한 부분도 있었지만, 그렇게라도 해야 했다. 정면 돌파는 용기와 추진력을 더해주었고, 사업의 성공을 약속해주었다. 그렇게 정면 돌파하는 용기라도 없었더라면 오늘의 나도 없었을 것이다.

나는 지금도 정면 돌파를 좋아한다. 아주 단순하지만 가장 강력한 문제 해결 방법이기도 하다. 정면 돌파는 복잡한 문제를 해결할 때에도 위력을 발휘한다. 문제를 정면 돌파하기 위해서는 판단력과 추진력이 동시에 필요하다. 일단 결정하면 힘차게 밀어붙이는 게 정면 돌파이다.

강한 추진력을 얻는 일은 샌드백을 치는 것과 유사하다. 샌드백을 칠 때는 자신을 믿어야 한다. 주먹을 뻗으면서 '얼마나 아플까?' 같은 생각은 버려야 한다. 자신을 믿고 주먹을 뻗어야 힘이 실린다.

내가 아는 어느 의사의 이야기이다. 어느 날 그에게 건강 상태가 극도로 좋지 않았던 젊은 여성 환자가 찾아왔다. 그녀는 몸만 아픈 게 아니라 마음의 병도 앓고 있었다. 신경정신과 처방을 내리려고 했더니, 환자의 아버지가 "결혼도 하지 않은 딸에게 신경정신과 병력이 남는 게 부담스러우니 제 이름으로 처방해주십시오"라고 부탁했다. 원래 그렇게 해서는 안 된다. 그래도 그 의사는 부정父情을 감안해 환자 아버지의 부탁을 받아들였다. 문제는 그 병원에서 1년 정도 치료를 받던 그 여성이 사망하면서 발생했다. 사인은 극도로 나빠진 영양 상태였다. 그러나 환자의 아버지는 "정신 질환을 제대로 치료하지 않아서 죽었다"며 병원 앞에서 시위를 시작했다. 시위 전문 인력까지 고용해 딸을 살려내라고 시위를 벌였다. 의사는 부모의 마음이 이해도 가고 본인도 어느 정도 슬픔을 감내하겠다는 생각으로 그냥 놔두었으나 죽은 환자 아버지의 시위는 갈수록 심해져 병원 경영에 심각한 피해를 주기 시작했다. 하는 수 없이 의사는 환자의 아버지를 만났다. 그는 돈을 요구했다. '제대로 치료하지 않았으니 보상을 해야 한다'는 주장이었다. 의사의 약점은 '딸에게 주어야 할 처방전을 아버지 명의로 해준 것'이었다. 물론 모든 것을 드러내놓고 일을 처리하기 시작했을 때, 처방전 명의를 변경한 사실이 세상에 알려질 수밖에 없고 병원은 신뢰를 잃게 된다. 의사 입장에서는 고민스러운 부분이 아닐 수 없다. 그가 나를 찾아와서 어떻게 처리해야 하냐고 물었다.

"정면 돌파하세요."

나의 대답은 이것이었다. 모두 드러내놓고 법으로 해결하라는 의미였다. 병원이 행정 처분을 받을 수도 있다. 그러나 장시간 진행되는 시위대의 업무 방해는 사라질 것이라고 생각했다. 소송에 들어가도 환자 아버지의 부탁으로 처방전 명의를 바꾼 사실이 참작될 수 있다고 생각했다. 실제로 그 의사는 나의 의견대로 일을 진행했고, 보름 넘게 이어지던 시위 문제도 일시에 해결되었다.

사업을 하다 보면 불가피하게 문제가 생긴다. 성품이 나쁜 사람들은 그 문제를 기억해두었다가 회사의 약점으로 잡고 이를 이용하려 한다. 협박해서 금품을 갈취하려는 사람도 있다. 이럴 때 필요한 것은 협상이 아니라 정면 돌파이다. 회사가 손실을 보더라도 그런 사람과는 협상을 해서는 안 된다.

자발적으로 해결하려는 마음이 생겨도, 마음만 있을 뿐 실천에 옮기지 못하는 상황도 있을 수 있다. 실행에 옮기지 못하면 우울, 불안, 초조한 마음이 생긴다. 힘들더라도 일단 도전하라. **도전의 과정에서 얻는 고통은 실행에 옮기지 못해서 얻는 후회의 고통보다 훨씬 적다.** 뿐만 아니다. 실행 이후에는 반드시 성취감과 보상도 따른다.

나는 어쩌면 정면 돌파 예찬가일지도 모른다. 문제가 있을 때 늘 이 방법을 선택했고, 늘 결과가 좋았다. 내가 이처럼 정면 돌파를 선호하는 것은 꼬여 있는 문제를 그냥 두지 못하는 성격 때문인지도 모른다.

사람의 인생은 맞바람을 이용해서 연을 높이 올리는 연날리기와 같다. 강한 바람을 맞을수록 더 높이 떠오르는 연처럼 사람은 시련을 극복해야 성장한다. 시련을 시련으로 받아들이기보다 '나를 발전시키는 과정'으로 생각하고 맞서야 발전이 있다. 연이 맞바람을 피하면 바로 추락하는 것처럼, 사람도 피하면 피할수록 시련이 가중된다. 결국은 인생의 낙오자가 된다.

시련을 정면 돌파할 것인가? 피하다 인생에서 낙오할 것인가? 고민할 필요가 없는 문제이다. 혹시 풀지 못한 문제가 있는가? 심호흡 한 번 하고 정면 돌파하라.

고요 속의 외침

'의사소통'은 명확하게

예전 TV 프로그램인 '가족오락관' 안에 '고요 속의 외침'이라는 게임이 있었다. 귀를 막고 있는 상대에게 특정한 단어를 소리쳐 전달하는 게임이었다. 입 모양을 아무리 유심히 봐도 귀를 막고 있다 보니 제대로 전달받기 어렵다. '그 집 앞'이 '거지밥'이 되기 일쑤였다. 그나마 첫 번째 전달받은 사람은 비슷하게 맞추더라도, 두 번째, 세 번째 이어지다 보면 마지막 사람은 엉뚱한 단어를 말한다.

조직을 관리하다 보면, 고요 속의 외침 게임이 생각난다. 경영자의 이야기가 임원과 중간관리자를 거쳐 신입사원까지 그대로 전달되어야 하는데, 그게 쉽지 않다. A를 지시했는데, 실무자는 B를 연구해 오는 경우가 종종 발생한다. 전달자가 잘못 전달한 것일 수도 있고, 전달받는 사람이 잘못 이해한 것일 수도 있다.

리더는 조직원들에게 같은 내용을 여러 번 반복해서 강조한다. 그래도 조직원들은 실천에 잘 옮기지 않는다. 그렇더라도 리더는 포기하지 말고 방법을 달리해서 끊임없이 소통하려고 노력해야 한다. 그러면 조직원들은 움직인다.

상대와 소통을 할 때는 '일의 요지와 개념을 명확하게' 쥐여줘라. 명확한 소통을 위해서는 전달자의 의지가 가장 중요하다. 상대에게 일의 개념과 요지를 명확하게 전달해야 한다. 모호하게 표현하거나 무조건 도와달라고 하면 일이 진행되지 않는다. 전달받은 사람이 일을 하고 싶어도, 도움을 주고 싶어도 일의 요지와 개념을 명확히 몰라서 추진하지 못하는 문제가 생길 수 있다.

고객사에 영업을 하러 갔을 때를 가정해보자. 고객사 담당자에게 제품에 대한 설명을 명확하게 잘 전달해야 무엇이든 이루어지지 않겠는가. 고객사 담당자 입장에서도 함께 사업을 하고 싶어도 내용을 모르면 할 수가 없다. 그래서 영업 담당자의 실적이 부진할 때는 그의 전달 능력을 점검해볼 필요가 있다.

조직 내부, 특히 실무 담당자가 조직 내 최고결정권자에게 보고할 일이 있을 때 이런 문제가 종종 벌어진다. 최고결정권자는 많은 일을 관장한다. 형식적인 보고로는 그에게 제대로 전달되지 않을 가능성이 높다. 최고결정권자에게 보고할 때는 명확하게 반복적으로 보고해야 한다.

위에서 아래로 업무가 전달될 때도 마찬가지다. 조직원들의 굳어져 있는 선입견으로 인해 정체 현상이 일어난다. 한쪽 귀로 듣고 한쪽 귀로 흘려버리는 경우가 대부분이다. 그래서 조직 내부에서 업무나 메시지를 지시할 때도 직원들이 움직일 수 있도록 손에 쥐여줘야 한다.

경영자가 지시를 정확하게 내리는 것, 중간관리자가 경영자의 의중을 정확하게 파악해서 실무자에게 지시를 내리는 것, 실무자가 중간관리자의 업무 지시를 이해하고 실행하는 과정은 조직력과 직결되는 문제이고, 개개인으로 보면 책임감 차원의 문제이기도 하다. 어느 한 사람이라도 책임을 다하지 못하면 엉뚱한 결과가 나오게 된다. 또, 자기만 잘했다고 끝나는 이야기도 아니다. 관리자는 경영자의 지시만 전달하고 자기 할 일을 다했다고 생각해선 안 된다. 결과물이 잘 나올 때까지 지속적으로 체크해야 한다.

기업의 프로젝트는 혼자 할 수 있는 게 하나도 없다. 언제나 조직적으로 움직인다. 그리고 그렇게 해야 이윤을 극대화할 수 있다. 그러니 복잡하고 지겹더라도 지속적으로 커뮤니케이션을 해야 하는 것이다.

기업 내 커뮤니케이션이 잘되려면, '열정 소통'이 필요하다. 경영자의 열정이 직원들에게 제대로 전달되어야 기업이 성장할 수 있다.

나만의 상상이지만, '고요 속의 외침'은 아주 오랫동안 기업을 경영해본 누군가가, 위에서 만든 열정이 아래로 고스란히 전달되길 원하는 마음에서 만든 게임인지도 모른다는 생각을 해본다. 하나의 조각에서 마지막 조각까지 멈춤 없이 이어지는 도미노처럼 기업 오너의 철학이나 열정이 맨 아래 직원까지 연결되었을 때 느끼는 쾌감은 어마어마하다.

열정 소통의 문제는 기업은 물론이고 거의 모든 조직에서 발생한다. 사회에서 만나는 모임의 조직은 보통 회장, 총무(사무국장), 감사 세 개의 요직과 몇 개의 실무 직책으로 구성된다. 그 모임이 활성화되려면 뭐니 뭐니 해도 회장의 역할이 가장 중요하다. 회장이 얼마나 헌신하느냐에 따라 조직의 흥망성쇠가 결정된다. 그다음은 총무다. 회장이 아무리 헌신하려고 해도 그것을 실행에 옮기는 총무가 게으르거나 부정적이면 모임이 잘 돌아가지 않는다. 마지막이 나머지 구성원이다. 회장과 총무가 열심히 할 때 구성원들이 적극적으로 참여해야 조직이 살아날 수 있다. 조직원들이 회장의 말에 사사건건 딴지를 걸기 시작하면 회장과 총무는 마치 고무풍선 바람 빠지듯 그동안 열심히 불어넣은 열정이 사라지고 만다. 그래서 잘되는 모임은 전체가 움직이지만, 안 되는 모임은 소수만 열심히 한다.

평소에 신뢰하던 사람이 사실을 숨기고 거짓을 말하면 그동안 신뢰했던 것까지 의심하게 된다. 가정에서 혹은 직장에서 이런 일을 종종 경험한다. 가정에서 부모와 자식 간이나 조직에서 사장과 직원

간에 실수를 하고 잘못한 일이 있으면 서로 실수를 인정하고 용서를 구해라. 그래야 신뢰가 쌓인다. 이것이 진정한 소통이다.

누군가는 기업 경영을 두고 "모든 구성원이 한 방향을 바라보게 하는 것"이라고 말했다. 전적으로 공감하는 말이다. 나 역시 그런 조직을 희망하며 오늘도 열심히 직원들을 향한 '고요 속의 외침'에 도전하고 있다.

지혜 智慧

지식보다 중요한 삶의 도구

삶을 성공적으로 이끌어가기 위해서는 지식보다는 지혜가 더 필요하다. 결정적인 순간에 위력을 발휘하는 것 역시 지식보다는 지혜이다.

창업 후 얼마 되지 않아서 일어난 일이다. 우리 회사에서 사망 사고가 난 적이 있다. 관리자들은 당황해서 아무것도 못하고 내 결정만 기다렸다. 나도 처음 겪는 일이고, 당황스럽기는 마찬가지였다. 해결책이 쉽게 떠오르지 않았다. 그렇다고 최고 책임자인 내가 가만히 있을 수는 없었다. 내가 하지 않으면, 그 누구도 해결해주지 않을 것임을 알고 있었다. 최대한 마음을 가라앉힌 후 현장 책임자에게

"걱정이 많으시지요? 수고 많습니다. 잘 수습합시다"라고 말했다.

"이미 일어난 사건입니다." 나는 냉정하게 대응하라고 주문했다. 이에 직원들도 이내 안정을 찾았고, 사고를 수습하기 시작했다. 예기치 못한 사고를 만나면 서로 당황해서 우왕좌왕하게 된다. 서로 책임지지 않으려고 아무것도 하지 않는다. 그러나 이미 엎질러진 물을 다시 주워 담을 수는 없다. 사고의 책임을 묻는 것도 당장 해야 할 일은 아니다. 그래서 직원들에게 이미 발생한 일이니 사고를 해결하는 데 전념하라고 말한 것이다. 누구 책임인지 시비를 가리기보다 우선적으로 침착하게 일을 해결하는 것이 지혜로운 방법이다.

나도 사람이다. 힘이 들 때는 모든 것을 놓아버리고 싶기도 한다. 그래도 그럴 수 없다. 속이야 어떻든 리더는 여유가 있어야 한다. 모든 일에 당당해야 한다. 힘들더라도 그런 사람이 되어야 한다. 그래야 주변 사람들에게 믿음을 줄 수 있고, 사업에서 성공할 수도 있다.

리더에게는 하루에도 몇 번씩 스트레스 받는 일이 일어난다. 버럭 화를 내고 싶을 때도 많다. 그러나 그럴 수는 없다. 판을 깰 수 있기 때문이다. 그래서 리더는 아무리 화가 나도 밖으로 티를 내서는 안 된다. 마치 '호수 위 백조'처럼 말이다. 쉼 없이 발을 놀려야 해서 힘이 들고, 또 어려움이 있어도 밖으로는 아무 일도 없는 것처럼 행동해야 한다.

문제가 발생했을 때 원인을 파악하고 가능한 가장 좋은 방법으로 해결하는 것이 지혜이다. 나는 그동안 사업을 하면서 수많은 문제와 만났다. 발생한 문제의 원인을 정확하게 진단하고 해결하려고 노력했다. 신문이나 책에서 힌트를 얻기도 하고, 주변 사람들과의 대화 속에서 답을 찾기도 했다. 산행을 하면서 답을 찾기도 했다. 이 과정이 없었으면 나의 발전도 없었다.

서울 동작을 보궐선거 당시, 여론에서 어느 후보를 공천해야 여당이 유리한지 조사하고, 가장 유리하다 싶은 K 후보를 추천했지만 정작 당사자인 그는 고사를 했다. 그러던 중 N 후보를 몇 번이나 추천했는데 그는 "꿩 대신 닭"이냐면서 화를 냈다고 한다. 그러다 원내대표가 찾아가 "꿩 대신 학"이라 하면서 후보 수락을 요청했고 그제야 그 사람은 동의했다고 한다. 같은 말이라도 어떻게 전달하는가에 따라서 사람의 기분을 좋게 하기도 하고 마음을 바꿔놓기도 한다. 말에도 지혜가 필요하다.

얼마 전 캄보디아의 앙코르와트에 다녀왔다. 눈으로 직접 보고 있으면서도 어찌 이렇게 장엄한 힌두교 사원이 만들어질 수 있었는지 믿어지지 않았다. 공사를 하는 동안 수없이 많은 사람이 죽었고, 왕은 인심을 잃었으며 결국 멸망하고 말았지만, 그 옛날 순전히 인력으로 그 장엄한 사원을 끝까지 완성할 수 있었던 것은 누군가의 지혜로운 리더십과 국민의 마음을 하나로 모으는 통찰력 때문이었을 것이다.

조직에는 리더가 있고 참모가 있다. 참모에게 필요한 것은 지식이고, 리더에게 필요한 것은 지혜이다. 그냥 지혜가 아니다. 지식을 넘어선 지혜이다. 목적과 목표를 정하고 실천하면서 스스로 강해진 리더의 생각은 지식에 근거하지는 않지만 강력한 에너지를 가지고 있다. 가족과 직원들을 먹여 살려야 한다는 절박한 심정이 강한 에너지를 만들어낸다. 마치 전혀 관계없는 남녀가 만나 서로를 자신의 사람으로 만들어야 한다는 마음이 생겼을 때의 에너지처럼 크고 강력하다. 이처럼 리더에게 필요한 지혜는 '에너지를 가지고 있는 지식'이다.

지식과 지혜는 상호 보완 작용을 한다. 어느 한쪽이 많아지면 생각의 균형이 깨진다. 머리에 지식만 가득 차면 기존 지식의 사례에 굳어져 자꾸만 지식에 의지하게 되고 지혜를 발휘할 틈이 적어진다. 지식을 얻으려고 노력하는 만큼, 지혜를 얻으려는 노력도 필요하다. 책이나 다양한 미디어를 통해 얻은 지식을 현장 경험을 통해서 스스로 해석하려는 노력이 필요하다.

지혜는 '안목'과도 연관이 깊다. 리더에게는 높은 식견의 안목이 필요하다. 고객이나 전 직원들의 소리를 다 들을 줄 알아야 한다. 고객의 동향, 고객의 목소리, 직원들의 옳고 그름에 따른 세밀한 처세가 있어야 기업 전체를 매니지먼트 할 수 있고 조직이 순항할 수 있다. 리더는 마치 모든 악기의 소리를 듣는 오케스트라의 지휘자 같은 역할을 해야 한다.

시야가 좁으면 반드시 문제가 생긴다. 이것은 자동차 운전과도 비슷하다. 운전할 때 바로 앞만 보고 달리는 사람들이 있다. 이런 사람들은 방어운전을 못해서 접촉사고가 잦다. 조직의 리더가 시야가 좁은 운전자처럼 경영하면 사고가 잦을 수밖에 없다.

반면에 시야가 넓은 운전자도 있다. 앞과 뒤, 양옆까지 보면서 방어운전을 할 줄 안다. 접촉사고가 잘 일어나지 않는다. 조직 안에서 바로 옆에 있는 사람, 아랫사람을 챙길 줄 아는 리더가 있는 조직은 사고가 잘 일어나지 않는다.

평소에 지식과 지혜를 쌓아두면 위기를 맞았을 때 슬기롭게 극복해낼 수 있다. '위기가 기회'라는 말이 있다. 실제로 위기는 기회일 수도 있고, 아닐 수도 있다. 위기 속에서도 실패의 경험을 승리의 지혜로 만들고, 심기일전해서 도전하면 더 좋은 기회를 만날 수도 있다. 그러나 위기를 위기로만 받아들이고 체념하면 기회는 영영 사라진다. '범인들은 번개가 칠 때 웅크리지만, 현인들은 번개의 빛을 이용해서 밤길을 헤쳐나간다'는 말도 있다.

'소 잃고 외양간 고친다'는 말이 있다. 조직이나 일상생활에서 전혀 준비 없이 무방비하게 있다가 사건 사고가 터지면 허둥지둥하다가 많은 기회를 놓치게 된다. 그나마 소 잃고 외양간이라도 고치면 다행이지만, 그마저도 하지 않으면 정말 밑바닥까지 가게 된다. 가장 좋은 것은 사전 예방 시스템을 만드는 것이다. 특히 사업하는 사람, 기업의 경영자들에게는 이게 절실히 필요하다. 그런데 어찌 된 일인지 사전 방지 시스템 만드는 것을 번거롭게 생각하고 싫어하는 사업가들이 많다. 이런 사람들은 사업이 잘되면 앞으로도 계속 그럴 것이라고 생각한다. 그러나 사업은 늘 외줄타기를 하는 것과 같다. 줄타기를 아무리 잘해도 바람이 세차게 불면 휘청거릴 수밖에 없다. 그때 설사 줄에서 떨어지더라도 땅에 부딪치지는 않게 허리에 안전띠를 묶어두는 것이 바로 사전 방지 시스템이다.

사전 방지 시스템은 일종의 매뉴얼이다. 어떤 상황이 벌어지면 어떤 준비를 하고, 어떻게 실행하며, 어떻게 회복하는지 사전에 매뉴얼로 만들어놓는 일이다. 이걸 만들어두면 사건 사고가 발생했을 때 신속하게, 그리고 최소한의 비용으로 비상 상황을 해결할 수 있다. 사전 방지 시스템을 만드는 일은 무조건 리더의 의무이며 책임이다. 그러니 사건 사고가 벌어졌을 때 신속하게 움직이지 못하는 모든 책임이 리더에게 돌아가도 어쩔 수 없는 일이 되는 것이다.

장사꾼과 사업가는 명확하게 구분되지 않는다. 나는 개인적으로 미래를 보는 눈이 있느냐, 없느냐로 둘을 구분한다. 눈앞의 숫자에만 연연하는 것을 장사꾼, 그보다는 더 큰 미래를 그리는 것을 사업가라고 여긴다. 장사꾼은 단기적인 이익만 생각하지만, 사업가는 장기 계획을 세운다. 그런 의미에서 나는 '지혜로운 장사꾼'을 사업가라 부른다.

발전하는 삶을 원한다면, 항상 위기라고 생각하고, 그 속에서 길을 찾는 지혜를 갖추어야 한다. 조직을 꾸려가면서 진정한 지혜에 대해 참 많은 생각을 하게 된다. 여전히 부족하지만, 지혜로운 리더가 되려는 노력은 게을리할 수 없다.

보완 補完

우리 서로 함께할 수 있어 행복합니다!

서른다섯이 되었을 때, 나보다 나이가 스무 살 이상 많은 분을 회장으로 모신 적이 있다. 대기업 임원으로 오래 일한 분인데 영업관계로 만났다. 기업이 부도가 나서 그만두고 우리 회사에 오고 싶어 해서 전격 영입했다. 사회적인 경험이 나와 비교할 수 없이 많은 사람이었고, 인맥 역시 넓어서 그런 선택을 했다. 그때 주변에서는 "두 사람 자리가 바뀌는 것 아니냐"며 걱정했다. 하지만 나는 전혀 걱정하지 않았다. 그를 포용하지 못하면 아예 사업을 하지 말아야 한다는 마음이었다. 대신 처음부터 '관계'에 대해 확실하게 말했다.

"회장님이 모든 면에서 저보다 훌륭하십니다. 그래서 제가 최대한 존중해서 모시겠습니다. 하지만 이 회사의 오너는 분명히 접니다. 지시는 제가 합니다."

그 회장은 내 말을 진심으로 받아들였고, 우리 둘은 상당 기간 좋은 파트너로 일했다. 그는 회사에 많은 도움이 되었고, 개인적으로도 많은 것을 배웠다.

이후에도 비슷한 경험을 참 많이 했다. 나보다 나이나 경력이 많은 사람들을 다수 기용했다. 나에게, 그리고 우리 회사에 부족한 부분을 채워나가야겠다는 생각을 했지, 업무 능력이 부족한 사람을 두고 가르치면서 일을 시키지 않았다. 그게 사업을 키울 수 있는 길이라고 믿었고, 실제로 그렇게 되었다.

그런데 일반적으로 관리자들은 자기보다 못한 사람을 곁에 두려고 한다. 권위적이고, 발전을 해치는 생각이다. '저 사람을 포용하지 못하면 큰 사업을 못한다.' 이런 생각을 가져야 한다. 쉬운 일은 아니지만, 사람을 쓰려면 대범하게 판단해야 한다.

이런 마음은 비단 사람 사이의 관계에서만 일어나는 일이 아니다. 창업 초기에 비슷한 규모의 동종업체와 경쟁 때문에 회사 실적을 처음 외부에 소개할 때 생긴 일이다. 회사소개서를 만드는 직원들이 "경쟁업체에 우리 정보를 노출시키는 격이니 적당히 만들자"고 했다. 경쟁업체가 우리 회사 영역을 침범할 우려가 있다는 의미였다. 하지만 오히려 나는 "그게 문제가 된다면, 정말로 우리에게 심각한 문제가 있는 것이다. 결국 회사는 정체될 것이다. 우리 정보를 숨긴다는 것은 더 노력하지 않겠다는 말과 다르지 않다. 우리가 실력을 갖추기 위해 노력하는 게 맞다"고 말했고, 회사 사업 내용과 매출을 가감 없이 노출시킨 적이 있다.

사람들은 천차만별이다. 어느 누구도 똑같은 사람이 없다. 한 모임에 다양한 사람들이 모이면 의견을 모으는 데 힘이 들 수도 있지만, 그 고비를 넘기면 다양성이 오히려 갈등 해결의 열쇠가 된다.

부부를 예로 들어보자. 자라온 환경이 전혀 다른 남녀가 만나서 가정을 이룬다. 신혼 초기에는 다름으로 해서 갈등이 계속된다. 그러나 갈등의 시간을 슬기롭게 극복하면 서로 도움을 주고받는 관계로 발전한다. 서로를 인정하면서 보기 좋은 보완자가 되는 것이다.

그러나 자칫 갈등의 시기를 잘못 지내면 돌이킬 수 없는 벽이 만들어질 수 있다. 서로 다른 사람이라는 사실을 미리 인지하고, 갈등을 슬기롭게 넘기겠다는 자세가 필요하다.

갈등을 해소하는 가장 좋은 방법은 대화이다. 서로 의견이 충돌하고 있다면 공감할 수 있는 이야기부터 다시 시작하는 것이 좋다. 이전의 감정을 자제하지 못한 상태에서 갈등의 핵심을 계속 이야기하다 보면 서로 갈등의 깊이만 확인하게 된다. 나는 객관적인 입장에서 생각하고 말하는 방법으로 갈등의 시간을 극복했다. 이를테면 '내 아들이 결혼해서 아내와 갈등을 겪고 있다면 나는 어떤 말을 해줄 것인가?' 같은 생각을 하고 나서 아내와 대화를 시작했다. 아내에게도 이 방법을 권했다. 이 대화법으로 대부분의 문제는 해결되었다.

보완자 역할은 스승과 제자, 코치와 운동선수, 경영자와 직원 등 여러 관계에서 두루 찾아볼 수 있다. 지난 2004년부터 세계 최대 패스트푸드 체인인 맥도날드를 약 8년간 이끌었던 짐 스키너는 강한 리더십으로 맥도날드의 혁신과 성장을 주도했다는 평가를 받는다. 그가 CEO가 된 후 지금까지 맥도날드의 매출은 42퍼센트 올랐으며 주가는 3배나 급등했다. 한때 경쟁사들에 밀려 위기를 맞기도 했던 맥도날드를 부활시킨 짐 스키너는 "내 목표는 항상 나보다 똑똑한 사람들에게 둘러싸이는 것이다"라고 말했다. 리더와 참모가 서로 보완자 역할을 한 셈이다.

좋은 인간관계를 맺길 원한다면, 상대의 단점은 그대로 수용하고, 장점은 확대해서 바라보는 자세가 필요하다. 사람에 대해 평가할 때는 단점이 아니라 '장점'을 가지고 해야 한다. 마이너스 점수가 없는 것이다. 함께 일하는 사람을 두고, '좋은 사람'과 '나쁜 사람'의 이분법으로 재단하기 시작하면 모난 사람이 되고 만다. 장점만 가진 사람도 없고, 결함만 가진 사람도 없다. 서로 잘 버무리면 융합의 힘이 된다.

내 생각을 기준으로 삼아서 상대방도 똑같은 생각을 해야 한다고 생각하는 것은 큰 착오이다. 그보다는 자신이 상대에게 맞추려고 노력해야 한다. 특히 영업하는 사람은 상대방이 어떤 사람인지 파악하고 있어야 한다. 상대더러 자신에게 맞추라고 하는 것은 바쁜 사람을 한가한 자신에게 시간을 맞추라고 하거나 기독교 신자에게 불교

식으로 행동하라고 말하는 것과 같다. 로마에 가면 로마법을 따라야 하는 것이다.

반대로, 상대의 지적은 감사히 받아들여야 한다. 요즘처럼 개인적인 사회에서 나의 단점을 이야기해주는 사람은 정말로 고마운 사람이다. 열 번이라도 절을 해야 한다. 물론 쉬운 일은 아니다. 아무리 몸에 좋은 음식이라도 보기 흉하면 먹기가 싫은 법이다. 그래도 몸에 좋은 약이려니 생각하자.

자신을 객관적으로 바라보려는 노력도 필요하다. 자신이 바라보는 나는 완벽할 정도로 '꽤나 괜찮은 사람'이다. 그러나 상대방이 바라보는 나는 '가끔 괜찮은' 그저 그런 사람일 뿐이다. 상대가 바라보는 나는 참으로 부족하다는 사실을 인식하고, 부족함이 무엇인지 찾아내고 극복해야 한다. 이것이 바로 성숙이고, 사회적인 용어로 '발전'이라 부르는 것이다. 발전이 거듭되면 성공에 가까워지는 게 당연한 일이다.

일반적으로 조직의 관리자는 자기보다 뛰어난 사람을 경계하는 경향이 있다. 자신의 한계가 도드라져 보일까 걱정도 되고 능력 있는 사람이 치고 올라오는 게 두렵기 때문이다. 그러나 실력자를 꺼린다고 해서 근본적인 문제가 해결되지는 않는다. 쉬운 일은 아니지만 인재를 키우고 포용하고 어떻게 이끌어갈 것인가 고민을 하는 것이 앞날에 도움이 된다.

자기보다 뛰어난 인재가 들어왔을 때 매니지먼트 할 자신이 없다고, 침범당하는 게 두렵다고 다른 방법을 강구하는 것은 절대로 피해야 한다. 힘들더라도 더 노력하라. **진정한 리더는 실력자를 두려워하지 않는다.** 자기보다 능력 있는 사람을 '대체자'가 아니라 '보완자'라고 여긴다. 자기 자리를 빼앗아갈 사람이라고 생각하는 게 아니라, 자신의 부족한 부분을 메워주는 사람이라고 생각한다. 그러니 능력이 많은 사람일수록 자기보다 뛰어난 인재를 옆에 두려고 한다.

지금은 모든 지식을 세상에 내놓고 다른 사람의 새로운 지식을 받아들이는 시대다. 안으로 감춰서 현상 유지하는 데에만 급급해서는 경쟁력을 갖출 수 없다. 많은 사람들이 열린 마음으로, 열린 경영을 실천했으면 좋겠다. 모든 분야에서 인재를 인정하고 사랑하는 문화가 자리 잡길 바란다. 자신보다 나은 사람을 옆에 둔다면 당신은 성공할 수 있다.

좋은 회사는 다른 성향의 사람들이 모여 서로 보완자 역할을 해주는 회사이다. 회사는 다양한 사람으로 구성되어 있는 조직이다. 섬세한 사람, 세심하지는 않지만 대화 협상력이 뛰어난 사람, 영업을 잘하는 사람, 기획력이 뛰어난 사람 등 정말 다양하다. 이 사람들이 적재적소에서 제 역할을 하고, 서로 도움을 주고받는 회사가 잘되지 않을 수 없다. 서로 대립하는 대체재가 아니라 보완자가 되면 1 더하기 1이 2가 아니라 3, 5, 10, 20 혹은 그 이상의 발전을 가져올 수 있다.

지금까지 같이 나를 도와준 분들께 머리 숙여 진심으로 감사드린다. "우리 서로 함께할 수 있어서 행복했습니다."

꿈의 대화

돈 드는 일도 아닌데 크게 꾸시죠!

꿈은, 잠을 자면서 일련의 시각적 현상으로 꾸게 되는 꿈도 있지만, 자신의 미래를 위해서, 또한 더 나은 삶을 이루기 위해서 목표를 정하고 현실적으로 이루는 것을 일컫기도 한다. 꿈을 꾸고 현실로 이루기 위해서 노력을 하면 많은 변화가 생긴다. 그러나 꿈도 없고 노력하지 않으면 정체 현상이 일어난다. 때문에 발전하기 위해서는 꿈이 필요하다.

역사에 남은 인물들은 모두 미래를 꿈꾸는 사람들이었다. 얼마 전 타계한 애플의 스티브 잡스도 그러한 사람이었다. 이들은 다른 사람들이 상상도 못한 것들을 현실로 만들어놓았고, 이들의 꿈꾸기가 지금의 세상을 만든 것이다. 이루기 전에는 허황된 미래로 보일 수도 있고 머릿속에서나 가능한 세상이라고만 생각할 수도 있다. 하지만 생각하고, 고민하고, 가능하다고 믿을 때 꿈은 꿈으로 끝나지 않는다. 젊은이들, 특히 청소년들이라면 더욱 그러한 미래를 꿈꿔야 할 것이다.

얼마 전, 한 방송 프로그램에서 초등학생을 대상으로 장래 희망이 무엇인지 조사했는데, 결과는 다음과 같았다. 1위 공무원, 2위 연예인, 3위 운동선수. 이 조사 결과를 보고 격세지감을 느꼈다. 우리 세대가 초등학교 시절 가지고 있었던 꿈은 대통령이나 과학자 둘 중 하나였다. 간혹 교사나 군인 같은 것도 있었지만, 대체로 그랬다. 요즘 어린 친구들 생각은 참 많이 다른 것 같다. 지금 어린이들의 꿈은 우리 때보다 많이 현실적이 되었다.

모두 시대상이 반영된 결과이다. 현실이 너무 힘들었으니 꿈이라도 크게 꾸고 싶었던 게 우리 시대 사람들의 마음이었다면, 지금은 많은 정보 덕분에 꿈이라는 단어의 의미도 많이 바뀌어서 최대한 현실적인 미래를 그리고 있는 셈이다. 우리 기성세대가 자식들 앞에서 '우선 먹고 사는 게 중요하다'고 입버릇처럼 말한 결과인지도 모른다. 아무튼 정리해보자면, 우리 세대는 콤플렉스가 많이 묻어나는 꿈을 꾸었고, 지금 어린이들은 꿈까지 너무 현실적으로 꾸는 셈이다. 둘 다 좀 씁쓸하다.

우리 세대가 어린 시절에 대통령과 과학자를 꿈꿨던 데에는 다 이유가 있다. 대통령은 눈으로 본 최고 위치에 있는 사람이고, 과학자는 아톰과 같은 영웅을 만들어낼 수 있는 상상 속 최고 위치에 있는 사람이기 때문이다. 하지만 이런 꿈은 중학교에 입학하자마자 사라졌다. 대통령이 되는 일이 불가능하다는 것을 알게 되고, 과학자가 되어도 당시 과학기술의 현실을 감안하면 아톰을 만드는 일은 죽을 때까지 실현이 불가능하다는 사실을 알게 되었다. 사회에 나와서는 지극히 현실적인 사람이 되었고, 대부분 꿈이라는 것을 잃어버리게 되었다.

좀 아쉽기도 하다. 우리는 너무 쉽게 꿈을 포기했던 것 같다. 만약 계속 꿈을 유지하고 실천했다면 우리 세대 중 몇몇은 정말로 세계적인 과학자가 되었을지도 모를 일이다.

조물주가 모든 사람에게 공평하게 나눠준 게 몇 가지 있는데, 첫 번째는 '시간'이고 두 번째가 '꿈꿀 수 있는 자유'라고 생각한다. 자신이 처한 상황과 상관없이 누구나 마음먹은 대로 생각하고 자유롭게 꿈을 꿀 수 있다.

'꿈은 크게 가져라.' 학창 시절 참고서마다 적혀 있던 글귀다. 어느 날은 이 식상해 빠진 글귀가 꽤나 진지하게 다가왔다. 곰곰이 생각해보니, 큰 업적을 이룬 사람들은 모두 일찌감치 큰 뜻을 품었을 거라는 생각이 들었다. 그러니 작은 일에 휘말리지 않고, 유혹도 이겨냈으며, 눈보라 비바람 폭풍우에도 끄떡없었을 것이다. 그건 '큰 꿈' 때문에 가능했다.

꿈은 그 자체만으로도 에너지가 된다. 어릴 적부터 크고 높은 꿈을 꾸면서 산다면, 그 꿈을 이루지 못하더라도 꿈 없이 산 사람보다 분명 많은 것을 이루게 될 것이다. 그래서 어릴 적 꿈은 크고 자유로울수록 좋다.

시작은 이랬을 것이다. '사람도 새처럼 날 수 있다면 얼마나 좋을까?' 비행기를 처음 만든 그 형제들 말이다. 나무를 사다가 창고에서 몇 날 며칠 망치질을 하는 동안 주변 사람들로부터는 미쳤다는 소리도 들었을 것이다. 그러나 몇 해에 걸쳐 줄기차게 노력하는 모습을 보이자, 주변 사람들도 하나둘 도움을 주기 시작했고, 그렇게 몇 년이 지나서 비행기가 만들어질 수 있었다. 그게 오늘날 음속보다 빠른 비행기와 우주를 오가는 우주선의 시작이다.

꿈은 아무리 커도 누가 뭐라 하지 않는다. 꿈은 긍정적인 삶과 행복을 가져다준다. 꿈이 없고 희망이 없는 삶은, 몸은 살아서 움직이지만 말 못하는 생물과 같다. 어디까지나 꿈으로 끝날 것이라도 이왕 꾸는 꿈, 한 번 크게 가져보는 건 어떤가?

학창 시절이나 젊었을 때의 꿈도 중요하지만, 중년을 넘어 노년에 더 많은 꿈을 가질 필요가 있다. 젊어서나 꿈이 필요하지 늙어서 무슨 꿈이 필요하냐고 할 수도 있겠지만, 현실이 어렵다고 바쁘다 해서 꿈이 필요 없는 것은 아니다. 현실이 어렵고 바쁠수록 더 꿈이 필요하다.

우리는 젊었을 때 꿈을 가질 여유도 없이 살아왔다. 그게 후회스럽다. 어렵고 힘들수록 반드시 꿈을 가질 필요가 있다. 늙고 병들고 힘들수록 더 많은 꿈을 가져야 한다.

간절하고 가슴 설레는 꿈도 있다. 국내외 전국 일주 여행을 하는 꿈, 악기를 하나씩 다루어서 스타킹에 나가는 꿈, 어떤 한 분야에 열심히 해서 달인이 돼보는 꿈, 인생의 경험과 철학들을 정리해서 후배들을 위한 책을 내보는 꿈, 젊어서는 처자식 키우고 먹고 살기 바빠서 이루지 못했던 꿈들, 젊어서 절실하게 하고 싶었던 꿈. 노년은 꿈을 이룰 수 있는 절호의 시간이고 기회인지도 모른다.

어릴 때 나는 꿈을 꿀 생각조차 못했다. 그만큼 사는 게 힘들었다. 나는 늘 부족한 인간이라는 생각으로 살았으며, 그저 부족함을 메꾸려고 노력했다. 그래도 늘 '현실보다 나은 미래'를 그렸다. 나중에 그게 꿈이라는 사실을 알게 되었다. 나는 지금도 부족한 부분을 메꾸려고 노력하고 있으며, 계획을 세우고 있다. 육십대의 꿈, 칠십대의 꿈, 팔십대의 꿈을 정하고 있다. 꿈을 생각하는 과정만으로도 참 행복하다.

얼마 전, 공무원인 친구에게 "꿈이 있냐?"고 물어봤다. 친구는 갑작스럽게 무슨 꿈 이야기냐며 꿈이라고 정한 것은 없다고 대답했다. "직장생활 잘하는 것, 자식들 공부 열심히 하는 것 말고는 없다"는 거였다. 마음이 씁쓸했다.

삶은 늘 슬픔과 기쁨이 혼재돼 있다. 감동받을 일도 많지만, 견디기 힘들 만큼 어려운 일도 많다. 난관을 극복하고 평온을 유지하기 위해서 꿈과 목표가 있어야 한다. 꿈과 목표가 있을 때 우리의 삶은 풍요로워지고 더욱 의미 있어진다.

꿈과 목표가 있는 사람은 축하받을 일이 있어도 열광하지 않고, 실패를 해도 침체되지 않는다. 다음 계획을 실천하기 위해, 마치 개구리가 도약을 준비하듯이 자세를 갖춘다. 꿈과 목표가 있다면 실패를 하더라도 좌절하지 마라. 실패도 과정이니, 한발 더 나아가라.

사람들은 누구나 행복하고 싶어 한다. 행복해지기 위해서는 꿈이 있어야 한다. 꿈은 아픔도, 슬픔도, 어려움도 극복할 수 있는 힘을 준다. 오늘 아침 떠올린 소망, 잃어버린 꿈, 가슴 속 묻어두었던 오래된 꿈, 그것들을 바로 지금 하나씩 꺼내보는 것은 어떨까?

7

의지

많은 사람이 말하지만

참 찾아보기

힘든 태도

몰입沒入

누구나 인정하는 '1만 시간의 법칙'

어떤 분야에서건 일가를 이룬 사람들은 뭐가 달라도 다르다. 좋은 자질을 가지고 타고난 사람도 있고, 부단한 노력으로 성공을 이룬 사람들도 있다. 나는 개인적으로 재능을 타고나서 업적을 남긴 사람보다는 노력으로 결실을 맺은 사람들에게 더 관심이 간다. 내 주변에도 그런 사람이 몇 명 있다.

S-오일의 이병호 부사장은 노력 하나로 성공한 사람이다. 그는 하루라도 자기계발을 하지 않으면 불안하다고 말한다. 자신을 편안하게 두지 않고 끊임없이 노력하는 근성이 그를 성공의 길로 안내했다.

그를 잘 모르는 사람들은 그의 성공을 서울대 출신이라는 이력이

나 다른 배경 때문이라 생각할지도 모르겠다. 그러나 그는 오로지 노력 하나로 그 자리에 올랐고, 그렇기 때문에 앞으로도 계속 성공 일기를 써나갈 거라는 믿음을 갖게 해주는 인물이다.

가정 형편이 어려운 집안의 삼 형제 중 막내로 태어난 그는 어릴 적부터 지금까지 매우 치열하게 살아왔다. 큰형은 집안에서 밀어줘서 대학에 갔고, 둘째 형은 어려서부터 공부에 재능을 보인 막내를 위해 대학입시를 포기하고 고등학교 졸업과 동시에 공무원이 되었다. 막내인 이병호 부사장은 자신에게 공부의 기회를 양보한 둘째 형을 생각해서라도 공부에 매진할 수밖에 없었다. 그에게 공부는 절대로 게을리해서는 안 될 삶의 이유였던 셈이다. 그는 이미 더 이상의 학벌이 필요 없는 상황에서도 미국에서 MBA를 마쳤고, 방송통신대학교 법학과를 졸업했으며, 현재 쉰이 넘은 나이에도 방송통신대 농업대학에 다니고 있다. 자기계발에 매진하고 있는 그에게 미래가 보장되지 않을 이유가 없다.

강병곤 대표 이야기도 빼놓을 수 없다. 그는 하이닉스반도체에서 직원으로 시작해 임원까지 지냈고, 현재 페어차일드코리아반도체 대표이사로 일하고 있다. 그는 신입사원 시절 수입 검사 엔지니어로 시작하여 단기간에 능력을 인정받았다. 그러나 거기에 만족하지 않고 틈틈이 다른 분야를 공부했다. 이를 통해 품질 관리 전 부문을 경험한 후 동기들보다 먼저 부서장으로 승진했고, 이후 다시 기술 분야로 자리를 옮겨 수율(투입량 대비 합격품 비율)을 관리하는 공정 관리

팀장을 거쳐 DRAM 신제품 개발 담당 임원, 해외법인 공장장을 거치는 보기 드문 경력을 가지고 있다. 그는 평일에는 새벽부터 밤 10시 넘어서까지 일했고, 휴일에도 거의 회사에 나갔다. 이런 치열한 업무 스케줄 속에서도 영어, 중국어 등 외국어를 꾸준히 공부해 미국, 중국 두 번의 주재원 근무를 거쳤다. 수년 전부터는 다국적 기업의 국내법인 대표로 발탁되어 글로벌 기업들과 경쟁하며 경쟁력 강화와 사업 확장을 위해 매진하고 있다.

특히 중국 생산법인 근무 시절에는 수천 명의 현지 종업원과 연매출 수조 원에 달하는 거대한 사업장을 운영하면서 본사보다 높은 수율과 생산성으로 주위를 놀라게 했다. 일을 완벽하게 처리하기 위해, 새로운 일을 찾기 위해, 또한 미래를 준비하기 위해 때로는 남들보다 늦게까지 일하고, 그 시간 역시 잘게 쪼개 쓰는 강병곤 대표처럼 열심히 일하는 분을 보고 있노라면 성공은 당연한 일이라는 생각마저 든다.

나와 나이도 같고, 같은 학교에서 같은 시기에 석사와 박사 과정을 밟은 이후경 LPJ마음건강 대표 역시 한시도 공부를 게을리하지 않는 사람이다. 그는 고등학교부터 대학, 대학원을 졸업할 때까지 장학금을 놓친 적이 없다. 그에게 "왜 그리 미친 듯이 공부를 했느냐?"고 우문을 던지면, 그는 "할 수 있는 게 공부밖에 없어서 죽기살기로 했다"고 절박하게 말한다.

그는 어렸을 때 아버지의 사업이 부도가 나는 바람에 온 식구가 끼니를 걱정하며 하루하루를 보냈다. 어린 나이였지만 그는 이 세상을 살아가려면 돈을 벌어야 하는데, 자신이 할 수 있는 일은 공부밖에 없다고 생각했다. 생계가 걸려 있는 문제라고 생각하니 죽기 살기로 공부하지 않을 수 없었다. 그는 지금도 여전히 공부하고 있으며, 현재 병원 두 곳을 경영하고 있다.

이 세 사람의 공통점은 무엇일까? 바로 '미친' 사람들이다. 이병호 부사장은 '자기계발'에 미쳤고, 이후경 박사는 '공부'에 미쳤고, 강병곤 사장은 '일'에 미친 사람들이다. 정상이 아니다. 그러나 무언가에 미치지 않으면 성공할 수 없다. 그러니 무엇이든 한 번 미쳐봐라. '1만 시간의 법칙'이라는 말이 있듯이 한 분야에서 딱 5년만 미친 듯이 일해보라. 그러면 내공이 쌓이고, 성공의 길이 눈에 보일 것이다.

미쳤다는 건 달리 말하면, '몰입'이다. 자기 주관과 목표가 뚜렷하다는 의미이다. 몰입의 힘은 강렬하다. 무엇이든 한 가지에 몰입하면 주변 이야기가 들리지 않고 그것만 보인다. 아무리 무리해도 피곤하지 않다. 나 역시 사업 초기에 이런 경험을 했다. 하루 두세 시간 자면서 미친 듯이 일했다. 일하는 게 습관이 되어서 쉬는 날이면 도리어 몸살이 날 지경이었다. 그렇게 5년이 지나자 '지역 최고 용역회사'라는 성과를 이루게 됐다.

회사만 성장한 것이 아니다. 나 자신도 자기계발을 통해 계속 성숙해갔다. 한가하고 여유로울 때 자기계발에 노력을 기울이는 게 아니다. 바쁘고 힘들수록 틈틈이 노력하는 것이다.

살아 있는 모든 생명은 진화하고 변화한다. 본래 사람은 원석에 지나지 않는다. 그러나 부단한 노력으로 보석으로 변화한다.

사업을 하다 보면 정말 바쁘다. 때로는 잠을 잘 시간도, 밥 먹을 시간도 없다. 나 역시 마찬가지였다. 그러나 그런 상황에서도 자기계발을 게을리하지 않았다. 사업은 사업대로 성장시키고 개인적으로 부족한 부분은 나름대로 채웠다. 그렇게 오늘의 나를 만들었다.

요즘 사람들이 가장 많이 대는 핑계는 '바쁘다'이다. 이 말 좀 하지 말자. 바쁜 사이에 일을 만들어내야 가치가 있다. 그렇다고 매일 24시간 일과 자기계발에 몰입하라는 게 아니다. 몰입하는 습관을 잘 들이기 위해서는 '무조건' 식의 전략보다는 '휴식'을 곁들인 계획이 좋다.

사업하는 사람 중에 바쁘지 않은 사람이 없겠지만, 내가 아는 사업가 A씨는 정말 하는 일이 많다. 사업도 사업이지만, 이끌고 있는 모임도 많고, 집안에서는 장남이다. 그가 그 많은 일을 어떻게 처리하는지 알아봤더니, 그는 1시간, 때로는 30분씩 계획을 세워서 생활하고 있었다. 재미있는 사실은 그렇게 쪼개놓은 계획 속에 꼭 휴식 시간도 들어 있다는 것이다. 그에게 "틈틈이 쉬면 될 것을 굳이 휴식 시간을 지정하는 이유가 무엇이냐?"고 묻자, 그는 "그렇게 해야 휴식을 기다리며 일에 몰입한다"고 말했다. 그의 말에 나는 무릎을 쳤다.

아무리 바빠도 매일 적당한 휴식이 필요하다. 그래야 다음 날 또 다시 일에 몰입할 수 있다. 주중에 쉼 없이 일하고, 주말에 몰아서 쉬는 것보다는 '매일 조금씩' 쉬는 게 업무 효율을 높이는 데 더 효율적이다. 마음에 여유가 생기고 놓치는 일이 사라지기 때문이다. 주말에 '모든 일을 잊고 쉰다'는 것은 그 자체도 불가능하거니와 그렇게 해서도 안 된다. 사업하는 사람에게는 의미 없이 보내는 날은 하루도 있어서는 안 된다. 스케줄이 없는 날이라도, 그저 한가로이 보내는 것이 아니라 사업을 구상하거나 진행 중인 사업에 대한 전략을 짜야 한다.

많은 사람들이 성공한 사람들을 만나면 먼저 "성공 비결이 무엇입니까?"라고 묻는다. 이 질문은 잘못된 표현이다. '꼭 성공해야 한다'라는 마음으로 일을 해서 성공한 사람은 많지 않기 때문이다. 그보다는 미친 듯이 일하다 보니 성공이 따라오는 경우가 훨씬 많다. 그러니 성공한 사람들을 만나면, "성공해야만 했던 이유가 무엇입니까?" "그토록 일에 미칠 수밖에 없었던 이유는 무엇입니까?"라고 묻는 게 맞다.

저력이란 노출된 힘이 아니라 맨 밑바닥에 깔린 숨어 있는 힘을 말한다. 사람의 저력은 무한하다. 잠자고 있는 자신의 저력을 깨워라. 아직 개발되지 않은 미지의 천연자원을 발굴하고 새로운 기술을 개발해야 한다. 인류는 숨어 있는 천연자원을 발굴하고 기술을 개발함으로서 현대문명의 급속한 발달을 이뤄냈고 그 결과 생활은 더욱 편리해졌다. 이 지구상에 숨어 있는 천연자원과 개발해야 할 신기술은 무궁무진하다. 숨어 있는 천연자원과 기술을 개발하는 것이 바로 저력이다.

어떤 일가를 이룬 사람을 저력가라고 부르고 싶다. 단순한 열정, 노력만으로는 일가를 이룰 수 없다. 노력을 하지만 결과가 없는 것은 저력의 에너지를 발휘하지 못했기 때문이다. 일가를 이룬 사람들은 저력을 발휘한 사람들이다. 몰입의 힘 바로 저력의 힘이다.

일체유심조一切唯心造

모든 일은 마음먹기에 달려 있다

화엄경의 중심사상은 '일체유심조一切唯心造'이다. '존재의 본체는 오직 마음이 지어내는 것일 뿐'이라는 의미이다. 부처님은 "물질의 세계는 끊임없이 변화하여 무상하고, 무상한 것은 괴로움이고, 괴로운 것은 그 실체가 없어서 영원하지 못하다"고 했다.

원효대사가 신라에서 당나라로 유학을 떠나던 여정 중 겪었던 일화는 너무 유명하다. 충청도 산악 어느 동굴에서 잠을 자게 되었는데, 목이 말라 단지 속에 담긴 물을 맛있게 먹었으나 다음 날 해골 썩은 물이라는 사실을 눈으로 확인하고 갑자기 복통을 느낀 자신을 보면서, '모든 것이 마음에 달렸다'는 사실을 깨닫고 당나라 유학을 포기한 일화 말이다.

무슨 일을 하건 '그저 하는 것'과 '알고 하는 것'은 전혀 다르다. 성공과 실패, '할 수 있다'와 '할 수 없다'의 차이, 풍요로움과 빈곤, 이 모두 한순간 마음먹기에 따라서 달라진 결과이다. 모든 게 마음먹기에 달려 있다. 그러니 진정으로 성공을 원한다면 없는 마음이라도 만들어야 한다.

사업은 참 신기하다. 일이 풀리지 않을 때에는 별 문제가 다 발생한다. 나도 그런 경험이 있다. 어느 회사를 인수하려고 큰돈을 대출받았다가 인수 작업이 제때 되지 않아서 다른 곳에 투자했다가 큰 손해를 보았다. 그 무렵 사업뿐 아니라 여러 우환이 함께 몰려왔다. 어머니 병환 때문에 이래저래 걱정도 많았고, 집을 새로 짓다가 인테리어 업자와 큰 갈등을 빚기도 했다. 하는 일마다 꼬여서, 잠시지만 '모든 일이 안 될 수도 있겠다'는 생각을 하기도 했다. 당시에는 정말 그럴 것 같았다.

그러다 하루는 정신을 차렸다. 마음이 약해져서는 안 된다는 생각에 일을 하나씩 해결해나갔다. 손해를 본 것은 본 대로 빨리 일을 마무리 지었고, 새로운 사업을 찾아 나섰다. 그리고 회사 규모를 그대로 유지하려고 했던 방침을 버리고, 공격적으로 성장시키기로 마음먹었다. 그러자 거짓말처럼 일이 술술 풀리기 시작했다.

지인 중 독실한 기독교 신자임에도 불구하고 108배를 하는 사람이 있다. 처음에는 비생산적인 일에 힘을 쏟는다는 생각에 이해하기 힘들었지만, 그를 자주 만나면서 무형의 힘을 많이 배우게 되었다. 108배 덕분인지는 모르지만 그에게선 무슨 일이든 해낼 것 같은 기운이 느껴진다.

성공의 경험이 없는 사람들은 무슨 일이든 시작하기 전에 겁부터 낸다. 용기가 생기지 않는다. 또, 실패 경험이 있는 사람들은 실패의 이유만 찾아낸다. 이미 마음에서부터 지고 시작하는 셈이다. 안 되는 사람은 안 되는 이유만 찾아내듯이 성공한 경험이 있는 사람은 성공한 이유만 찾아낸다. 마음가짐도 버릇이다. 자신감을 채우는 게 버릇이 되면 인생도 그렇게 된다.

하루는 메일을 열어보니, 지난 해 개인적인 문제를 해결하기 위해 고용했던 어느 컨설턴트로부터 메일이 와 있었다. 그 컨설턴트는 처음에 마치 일을 잘 처리할 것처럼 행동하면서 선급금을 요구했다. 나는 원하는 금액을 지급했다. 그러나 결과적으로 문제를 조금도 해결하지 못했을 뿐만 아니라, 도리어 많은 피해를 보게 되었다. 당시 굉장히 힘들었다. 계약에 의하면 선급금이나 중도금을 반환해야 함에도 나는 거기까지는 요구하지 않았다. 그런데 1년 가까이 지난 뒤 오히려 나에게 잔금을 요구하는 메일을 보낸 것이다.

그 메일로 인해 아침부터 기분이 많이 상했다. 마침 그 날은 중요한 프로젝트 입찰일이었고, 친목단체 모임도 있는 날이었다. 마음이 너무 심란했다. 이런 기분으로는 모임에 참석할 수 없을 것 같았다. 그래도 약속이라서 힘들게 집을 나섰다. 모임에 가는 길은 그야말로 좌불안석이었다. 원망과 분노가 불길처럼 타올라서 고통스러웠다. 줄곧 마음을 안정시키려고 온갖 노력을 했지만, 쉽지 않았다.

그런데 가만히 생각해보니, 모든 게 내 탓이었다. 그 컨설턴트를 기용한 것도 나이고, 마무리를 잘하지 못한 것도 내 탓이다. 그러니 타오르는 내 분노도 스스로 가라앉혀야 한다는 생각이 들었다. '큰일이 아니다' '시간이 지나면 해결될 일이다'라고 마음먹자 감정이 서서히 가라앉았다.

모임 도중에 그 컨설턴트에게 전화를 걸어 "만나서 대화를 통해 문제를 상식선에서 해결합시다"라고 말했다. 그러자 그 컨설턴트도 "우선 그런 메일을 보내서 죄송합니다. 만나서 사정을 이야기해드리겠습니다"라고 했다. 마음이 평온해졌고, 모임 역시 편안한 마음으로 참여할 수 있었다.

생각해보면, 우리가 분노하는 거의 모든 문제가 자신에게서 비롯된 것이다. '내 탓이오'라고 할 수 있다면 우리가 문제라고 생각하는 대부분의 것들은 문제가 아닌 경우가 많다. 인생사 모두 마음먹기에 달려 있는 것이다.

나는 불안한 마음을 극복하고 긍정적인 마음으로 전환하고 평화로운 마음을 얻기 위해서 가끔씩 주문을 외운다. 입학시험 치르는 자식을 기다리며 교문 앞에서 '하느님! 부처님! 우리 아이 시험 잘 치르게 해달라'고 주문을 외우는 우리 어머니들처럼, 나도 중요한 일을 앞두고는 주문을 왼다. 그게 실제 어떤 영향을 미치는지는 잘 모르겠지만, 마음은 평화로워진다.

과거에 집착하고 미래를 미리 걱정하는 인간의 삶은 늘 불안하고 초조하다. 나 역시 그런 나날의 연속이다. 그래도 이 불안함을 조금이나마 극복하려고 아침마다 "나는 할 수 있다. 나는 꼭 이루고 말 것이다. 오늘은 즐거운 날이다!"라고 주문을 왼다. 이내 마음이 편안해진다. 잠자리에 들기 전에도 마찬가지다. 과거, 현재, 미래의 일들 때문에 잠이 오지 않을 때면, "내일은 잘될 거야"라고 마음속으로 여러 번 되뇌인다. 그러고 나면 이내 잠이 온다.

성과도 없는 일에 오랫동안 집착하면 정서는 피폐해지고 마음의 평화를 찾을 수가 없다. 많은 손실이 날수록 이성적인 판단이 필요하다. 사업을 하다가 손해가 났을 때에는 본전에 미련을 두기보다 이미 지나간 것은 버리고 냉정하게 판단을 내려야 한다. 집착으로는 아무것도 얻을 수 없다.

마음가짐 하나가 인생을 바꾼다. '반드시 할 수 있다'와 '할 수 있을까?'는 전혀 다른 결과를 가져다준다. 긍정의 마음일 때 성공이 찾아온다. 혹시 실패하더라도 다시 도전할 수 있는 마음이 생긴다. 긍정은 긍정을 불러오고 부정은 부정을 만들어내는 법이다.

어른들은 예로부터 '몸과 마음을 튼튼히 하라'고 했다. 몸과 마음 둘 다 중요하고, 둘 다 건강해야 뜻을 이룰 수 있다고 여긴 것이다. 왜 어른들이 몸과 마음을 구분지어 따로 이야기했는지 그 이유는 모른다. 그러나 몸과 마음이 하나인 것 같지만, 사실은 그렇지 않다는 것은 생활에서 자주 경험한다. 몸은 여기에 있어도 마음은 어디든 옮겨 다닌다. 운동 경기에서 선수들이 승리했는데 내가 기쁘고, 선수가 패했는데 내가 우울하다. 복잡한 일이 있으면 회사에서 업무를 보다가도 마음은 전혀 다른 곳에 가 있을 때가 있다. 몸은 습관에 따라 무의식적으로 움직일 수 있지만, 마음은 그렇지 않은 것이다.

그러나 둘이 전혀 따로일 수는 없다. 몸은 미련하게 인내하는 편이고, 마음은 뒤늦게 미안해하는 게 꼭 감각이 둔한 남자 같다. 혹사당한 몸에 상처가 났다. 그제야 비로소 마음이 아파한다.

최단기간에 천만 관객을 돌파한 영화 〈명량〉. 정유재란 당시 단 12척으로 왜군 330척을 물리친 이유를, 이 영화는 '이순신 장군이 군사들의 두려움을 용기로 바꿨기 때문이다'로 정리했다. '마음에 모든 것이 달려 있다'라고 생각한 것이다.

혹시 실패를 했거나 어떤 이유로 불안하고 초초해하며 고민 속에 있다면, 그래도 마음이 황폐해지지 않게 다스리길 바란다. 그래도 할 수 있다는 용기는 잃지 않길 바란다. 그러면 변할 수 있다. 비록 마음은 아프더라도 몸은 움직일 것이고, 그러고 나면 많은 게 바뀔 것이니까. 마음을 항상 긍정적인 방향으로 옮겨놓자. 모든 것은 마음먹기에 달려 있다.

한 번 외쳐보자. "모두 다 잘될 거야!"

최선最善

정상에 오르는 유일한 방법

후배 사업가들이 가끔 나를 찾아온다. 그들은 대체로 "사업이 힘들다" "어떻게 해야 하느냐?"고 물어온다. 그 마음 다 이해한다. 사업이 궤도에 오르지 못했으니 당연히 힘든 일이 많을 수밖에 없다.

사업 초기에는 할 일이 너무 많아서 잠을 잘 시간도 부족했다, 아이들이 어떻게 크는지 알 수도 없었다. 사업에서 성공하려면 적어도 3년, 길게는 10년은 죽었다고 생각해야 한다. 이 과정 없이는 기업을 일으킬 수 없다. 그래서 나는 그저 "인내하라"고 말해준다.

성공한 사람들은 기본적으로 인내심이 강하다. 단순히 '독하기만

한 것'과는 전혀 다르다. 성공한 사람들은 누구나 그 자리에 이르기까지 많은 어려움을 극복했다. 수없이 인내하고, 사람들을 설득해 마음을 움직였다. 진실함과 인내가 보였기 때문에 상대의 마음도 움직인 것이다. 치밀한 전략과 독한 추진력이 성패를 가른 게 아니다. 사업이라는 것, 사회생활이라는 것은 모두 여러 사람들과 더불어서 해나가는 것이다. 신뢰가 가장 중요하다. 신뢰를 얻는 데에 인내만큼 좋은 것도 없다.

창업 초기가 힘들기는 하지만, 그 시간을 잘 보내면 사업은 일정 궤도에 올라선다. 그야말로 비즈니스가 시작된다. 그때를 기다리면서 창업 초기에는 고생도 마다 않고 열심히 뛰어야 한다. 맑은 날만 계속되면 세상은 사막이 된다. 지금 어려움을 겪고 있다면, 반드시 풍요로운 날이 머지않아 올 것이다. 고생은 보석이고, 그것이 바로 인생이기 때문이다.

인내는 일을 계속하게 만드는 '에너지' 역할을 한다. 도전하다가 중간에 타협하기 시작하면 목적지에 다다를 수 없다. 목표를 이룰 때까지 처음 마음으로 유지하는 것은 인생에서 매우 중요하다.

하고 싶은 공부가 있다. 학비가 부족하다. 일을 해서 돈을 모은다. 돈을 벌면서 공부를 한다. 학위를 받는다. 유학을 간다. 열심히 공부해 장학금을 받고, 그 돈으로 외국에서 생활한다. 그 분야 최고 전문가가 된다. 이것이 의지다. 좋은 대학에 가는 데까지는 재능의 문제일 수도 있다. 그러나 어려운 환경을 극복하고 끝까지 달리는 것은 인내이다.

나는 후배 사업가들에게 이렇게 묻는다.

"정녕 성공하고 싶습니까? 의지는 있습니까?"

이 질문에 대부분의 사람이 당연하다고 이야기할 것 같지만, 실제로는 대답을 못하는 경우가 많다. 질문 자체가 너무 거칠기도 하지만, 스스로도 부족하다고 생각하는 부분이기 때문이다. 성공하고 싶은 마음은 누구나 가지고 있지만, 그 진정성까지 가지고 있는 사람들은 많지 않다.

성공에는 조건이 필요하다. 성공이 시작될 수 있는 조건은 다른 게 아니라 '진정성'이다. 기술은 그다음 이야기다. 스펙과는 다른 문제이다. '진정 성공하고 싶은 마음을 갖고 있는가?' 하고 자신의 마음을 다잡아야 한다. 진정으로 성공하고 싶은 마음이 있어야 인내도 나오는 것이다.

박정희 대통령이 정주영 현대건설 회장에게 중동 진출에 대한 의견을 물은 적이 있다. 건설부장관이 "덥고 물이 부족해 일할 수 없다"고 이미 보고한 후였다. 그러나 정주영 회장은 중동에 다녀와서 박 대통령에게 "더우면 밤에 일하고 잠은 낮에 에어컨 밑에서 자면 되며, 물은 바닷물을 끌어와 담수로 만들면 된다"고 보고했다. 현대건설 내 1급 참모들이 엄청나게 반대했지만, 결국 정주영 회장은 중동 진출을 감행했다. 결과는 대성공이었다. 진정으로 성공을 원하고 노력했던 정주영 회장에게 그 어떤 악조건도 문제가 되지 않았다.

성공에 필요한 노력의 양 같은 것은 정해지지 않았다. 하지만 많은 사람들이 성공을 하는 방법이나, 혹은 '이만큼 노력하면 성공하겠지?' 같은 노력의 한도가 있지 않을까 하고 궁금해한다. 기회는 지나치다 싶을 정도로 끊임없이 자신을 개발하는 사람에게 주어지는 것이다. 고통 속에서도 긍정을 잃지 않는 사람에게 도전정신과 창의력이 생긴다. 고통을 경험하지 않는 사람은 인생의 전략도 성공도 기대해서는 안 된다.

정상, 또는 성공이란 무엇인가? 많은 사람들은 정상이나 성공이 무엇인지도 모르고 막연하게 정상에 도달하고 싶어 하고, 성공하기를 원하고 있다. 그 성공이나 정상이 어떤 길을 어느 방향으로 얼마만큼 노력해야 하는지 알 수도 없지만, 실행에 옮기지도 못한다.

일단 앞을 향해 한 발자국을 떼어라. 높은 산을 정복하는 가장 좋은 방법은 '산을 오르는 동안 내내 2~3미터 앞만 보고 걷는 것'이다. 고지를 바라보고 걷는 게 아니다. 끊임없이 자신을 낮추고 도전해야 한다. 그러다 보면 자신도 모르는 사이에 정상에 도달해 있는 자신을 발견하게 된다. 이것이 정상에 도달하는 유일한 방법이다.

주변에 재능은 뛰어난데 결과가 꼭 80점인 사람들이 많다. 조금만 더 달리면 되는데, 이상하게도 목표 직전에 포기를 한다. 노력을 덜 하는 것이다. 노력이 부족하다는 것은 인내가 약하다는 이야기와 다르지 않다. 성공이라는 단어는 80점 결과물에는 절대 따라오지 않는다. '끝까지 최선을 다했다'는 사실이 확인되어야 비로소 성공이라는 평가를 얻는다. 결국 성공 여부를 결론짓는 것은 인내이고, 인내를 만드는 것은 진정성이다.

어느 날 한 선배 사업가가 나에게 말했다.

"서 사장은 늘 노력하는 모습이 좋아요."

그냥 듣기에는 무슨 말인지 이해가 되지 않아서 무슨 뜻인지 되물었다. 그러자 그 선배 사업가는 말했다.

"적당히 하는 게 없고, 늘 끝까지 최선을 다하잖아요. 그게 보기 좋아요."

그 선배 사업가의 말은 내 마음에 잘 와 닿았다. 맞는 이야기다. 나는 지금껏 돈을 먼저 생각하고 일을 한 적은 없다. 무슨 일이든 열심히 하다 보니 돈이라는 게 따라왔다. 그저 일만 하다 보니 가끔씩 손해 보는 일도 많았다. 그래도 경험은 남는다. 그게 밑천이 되었고, 이후에 더 큰 사업을 할 수 있었다. 세상 이치는 다 그런 것 같다.

목적 目的

일하는 이유를 알고 있는가?

"당신이 지금 그 일을 하는 이유가 무엇인지 알고 있나요?"

이 물음에 그렇다고 답할 수 있다면, 자신의 일에 확신이 있는 사람이다. 참 쉬운 질문 같은데, 이내 답이 나오지 않는다. "꿈을 이루기 위해서" "생계 때문에" "집과 차를 사기 위해서" 이런 대답 정도는 그냥 나올 것 같은데 말이다. 진정한 목적을 만들지 못하고 일하고 있는 것이다.

무슨 일을 할 때 제일 먼저 해야 하는 일은 '목적을 만드는 일'이다. 당연한 말처럼 들릴 수 있지만, 이건 정말 반드시 해야 한다. 무슨 일이든 목적이 없으면 모래 위에 지은 누각처럼 언젠가는 허물어진다. 그래서 일을 할 때는 반드시 목표를 수립해야 한다.

사람들은 늘 무엇인가를 한다. 누가 시켜서 하기도 하지만, 특별한 욕구에 의해 스스로 선택해서 하기도 한다. 욕구하는 마음으로 선택하는 것이 바로 '동기'이다. 즉, 동기는 선택하게 만드는 마음 상태나 의지를 의미한다. 사람들은 자신이 하고자 하는 것을 이루기 위해서 노력하고, 일부러 동기를 불러일으키기도 한다. 성과를 내기 위해서는 동기가 필요하기 때문이다.

김연아 선수는 피겨스케이트를 너무 좋아했고, 그래서 스케이트를 시작했으며, 열심히 훈련했다. 그리고 1998년 나가노 동계올림픽을 보면서 스스로 '꿈의 실체'를 발견했다. 은메달리스트 미셸 콴의 모습에 크게 감동한 것이다. 이후 김연아는 항상 미셸 콴이 되어 그동안 갈고 닦은 동작과 표정 연기를 따라하곤 했다.

'좋아한다'는 마음을 실천에 옮기고, 꿈을 구체화시키는 과정이 바로 동기가 있는 행동이다. 만약 김연아 선수가 동기 없이 스케이트를 탔다면 이내 흥미를 잃었을 것이고, 꿈을 구체화시키지 못했다면, 지금의 모습은 없었을 것이다.

동기를 가지고 일을 추진하다가 좋은 성과가 나오면 더 큰 흥미를 가지게 되고 더 만족하게 된다. 동기가 강화되는 것이다. 바로 '허즈버그의 동기 이론'이다. 요컨대, 어떤 일을 하더라도 스스로 동기를 강화시키면 더 나은 성과를 볼 수 있다.

삼성이 소니와 필립스 등을 제치고 세계 최고의 전자회사가 된 일 등 기적처럼 느껴지는 일은 대부분 강력한 목적에서 비롯된 성과들이다. 목적을 어떻게 만드느냐에 따라 엄청난 동기가 부여되고, 상상을 초월하는 괴력의 힘을 발휘할 수 있다. 목적을 만드는 것은 꿈을 현실로 만드는 일이고, 무형의 상상을 유형의 산물로 만드는 일이고, 역사를 바꾸는 일이다.

탈북자 출신으로 처음으로 서울대 로스쿨에 입학하게 된 예비 법조인 임철 씨와 이세진 씨는 어느 인터뷰에서 사법고시를 준비하는 과정에서 겪게 된 경제적 어려움이 큰 난관이었다고 했다. 꿈을 포기해야 하나 고민도 했지만 법조인이 되는 것은 혼자만의 문제가 아니라 탈북자 전체를 위한 일이라 생각해 이를 악물고 공부했다고 한다. 아직 법보다 주먹이 가깝고 법에 무지한 탈북자들을 위해 법률상담 변호사가 되고 싶다는 목적도 말했고, 그게 동기가 되었다는 사실도 밝혔다.

이세진 씨는 북한의 꽃제비 출신이다. 이 씨는 혼자 잘살려고 힘겹게 한국까지 온 것이 아니라는 생각에 로스쿨에 도전하게 됐다고 말한다. 통일에 대비해 북한 노동력과 통일법에 대해 연구하고 싶다고 했다.

간혹 일을 하면서 거듭 실패를 해 절박해졌을 때, 또한 열악한 환경 때문에 우울하고 불안하고 초조할 때가 있다. 이럴 때면 한동안 고민을 하게 된다. 그러다 문득 이런 생각이 든다. '걱정하고 있다고 누가 해결해주는 것은 아니다. 고민할수록 고민만 더 쌓인다.' **모든 것은 내가 해결해야 하고 내가 노력해야 한다는 사실을 깨닫고 나면 어느새 새로운 에너지가 솟아난다.**

목적은 큰일에만 필요한 것은 아니다. 일상생활에서도 목적을 만들 필요가 있다. 나는 늘 목적을 강화시키면서 살아왔다. 틈만 나면 운동을 해서 운동광 소리를 듣는다. 단순히 내 건강을 위해 시간을 투자했다면 벌써 그만두었을 것이다. 내가 건강해야 가족들이 나에게 의지해 살 수 있고, 경영을 잘해서 직원들에게 비전을 줄 수 있다고 스스로를 자극한다. 그들에게는 내가 희망이라고 생각한 것이다. 나름대로 대의大義를 생각했기 때문에 운동에 높은 동기도 생기고 추진력이 얹어졌다.

주변에 금연하는 사람들이 있다. 금연에 성공하려면 목적이 분명해야 한다. 건강 때문에, 주변 사람에게 피해를 주지 않으려고, 담뱃값이라도 아끼려고, 집안에 담배로 갑자기 건강을 잃은 일이 있어서 같은 분명한 이유가 있어야 성과를 낼 수 있다.

영어 공부도 그렇다. 무작정 영어가 하고 싶다거나 영어를 해야 할 것 같다는 식의 이유로 학원을 다니는 사람치고 3개월 이상 다닌 사람을 보지 못했다. 외국 유학을 가기 위해서, 승진하기 위해서, 외국인과 대화하고 싶어서 등 보다 분명한 이유가 있어야 한다. 목적이 없고 이유가 막연하면 성과 역시 미미하다.

목적 없이 일하는 것은 바다 위에 표류하고 있는 배와 같다. 그 배는 파도가 거세지면 악조건을 극복할 선장이 없어서 난파하고 만다. 목적은 배가 무사히 항해하는 것이다. 선장은 방향을 잡아주고, 위기를 돌파하며, 선원들을 하나로 모은다.

그래서 자꾸 묻게 된다. 당신은 지금 무슨 일을 하고 있는가? 목적은 무엇인가?

멋진 인생

인생? 마음먹기에 달려 있다

"인생!" "멋있어!"

내가 모임에서 건배사로 가끔 제의하는 말이다.

다른 사람도 그렇겠지만, 나는 사업을 하는 내내 참 절박했다. 이루고 싶은 게 많았기 때문에 힘든 순간도 많았다. 그럴 때 침울해지지 않으려고 참 많이 애썼다. 마음속으로 '오늘은 좋은 날이다' '나는 할 수 있다' 이런 다짐을 하면 기분이 풀리곤 했다. 세상살이 마음먹기 나름이다.

이런 말을 하면, 속 편한 소리를 한다며 핀잔할 사람도 있겠지만 사실이 그렇다. 안 좋은 것만 생각하면 하루도 빠짐없이 우울하고,

불안하지 않는 날이 없을 것이다. 이건 좋지 않다. 당신이 우울해하고 불안 속에서 있다 해도, 이 문제는 주변 사람 누구도 도와줄 수 없다. 오로지 본인이 극복해야 한다. 그러니 이왕이면 좋은 생각, 긍정의 자세가 필요하다.

내가 하고 있는 인력 아웃소싱 사업은 분야가 다양하다. 산업체 전반이라고 봐도 무방하다. 수백 개 현장에 수천 명 직원이 전문적인 일을 하고 있다. 도전해야 할 분야가 고정돼 있는 것도 아니다. 늘 신규 사업과 신규 고객을 개발해야 하고, 기존 고객 관리에도 최선을 다해야 한다. 그러니 신경을 써야 할 일이 한두 가지가 아니다. 신경 써야 할 일이 사업에만 있는 것이 아니다. 주변에도 크고 작은 사건이 하루도 쉼 없이 일어난다. 내가 생각해도 그 많은 문제를 어떻게 해결했고, 어떻게 하루가 지나갔는지 모를 정도이다. 그래도 다 극복해낸다. 그건 그야말로 해낼 수 있다는 마음, 그것 하나 덕분이다.

얼마 전 아들이 입대했다. 그것도 육군 논산훈련소에 있는 동안 가장 힘들다는 공수특전사에 자원했다. 그 소식을 듣고 너무 대견해서 훈련소 게시판에 아래의 글을 올렸다. 아들은 지금 공수특전사에 배치를 받고 후반기 훈련 중이다.

> "스스로 인생의 목표를 정하고, 선택한 길을 가다 보면 때때로 숨이 턱까지 차기도 하고 한계를 느낄 때도 있다. 이럴 때는 마음

이 중요하다. '극복할 수 있어'라고 생각하면 새로운 능력을 만들 수 있지만, '한계'라는 것을 마음으로 정해버리면 정말 한 발짝도 앞으로 나아가지 못한다. 그래서 마음이 중요하다.

한계에 부딪치더라도 긍정으로 받아들이고, 마음가짐을 새로이 단장해 스스로 단련하는 기간으로 받아들인다면 순간의 고통이 어느새 큰 에너지로 바뀔 것이다. 어떤 성공도 하루아침에 우연하게 이뤄지는 경우는 없다. 인내하는 습관이 모여서 성과가 이루어진다.

그리고 혹시 최선을 다했음에도 불구하고 결과가 기대에 미치지 못하더라도 실망하지는 말라. 실패를 했을지 몰라도 노력을 기울이는 동안 실력은 이미 높이 도달해 있을 것이니까. 다음에는 멋진 결과를 얻을 수 있으니까.

최선을 다했음에도 불구하고 실패하면 마음이 마치 폭풍 전야처럼 감당하기 어려울 정도로 심란할 수 있다. 그러나 일본 히로시마에 원폭이 투하된 뒤에도 새 생명의 풀이 솟아나는 것처럼 이내 마음에 평화가 찾아들 것이다. 가능한 빨리 마음을 가다듬고 도전의 터로 나와야 한다. 바로 그때부터 네가 정말 뛰어난 실력가로서 서게 될 것이다. 나는 네가 이번 선택을 통해 강인한 사람이 될 것이라 믿는다."

삶이 그대를 속일지라도
슬퍼하거나 노하지 말라
슬픈 날엔 참고 견디라
즐거운 날이 오고야 말리니

마음은 미래에 바라느니
현재는 한없이 우울한 것
모든 것 하염없이 사라지나
지나가버린 것 그리움 되리니

푸슈킨의 시는 언제 읽어도 마음을 짠하게 한다. 이 시는 힘들고 지칠 때 어떤 자세를 가져야 하는지 이야기해준다.

결과가 반드시 노력에 비례하지는 않는다. 정말 열심히 노력했지만, 생각만큼 성과가 나오지 않는 예는 너무 많다. 너무 실망해서 더 이상 아무것도 할 수 없을 것 같을 때도 있다. 그래도 훌훌 털고 일어나서 다시 일터로 나가야 한다. 그게 우리가 해야 할 일이기 때문이다.

사람들은 대부분 사회가 만든 시스템 속에서 매뉴얼대로 살아간다. 그러다 보니 자신이 해야 할 일이 무엇인지 스스로 고민하는 사람이 많지 않다. 그저 결혼하고, 아이를 낳고, 자식 교육시키고, 건강한 노후를 지키기 위해 노력하면 된다고 인지하고 있다. 도대체

왜 이렇게 해야 하는지에 대해 고민하는 사람은 없다. 그저 살아간다.

이유는 두 가지이다. 고민을 해도 풀리지 않을 문제라고 인식하면서, 마땅히 다른 길이 있다고 생각하지도 않기 때문이다. 그저 묵묵히 이 정도만 해내도 대견하다고 생각한다. 이런 생각을 하고 있기 때문에, 그래서 우리의 삶은 기본적으로 측은하다. 틀에 박힌 길이지만 열심히 걸어야 하고, 그렇게 죽어야 한다. 혹시 살고 죽어가는 과정에서 힘든 일을 겪더라도 슬퍼하거나 노여워하지 말고 다시 시작해야 한다. 그것이 인생이라고 우리 스스로 인정하고 있기 때문이다.

목표를 세우고 열심히 노력했는데, 결과가 잘 나오지 않았다고 너무 힘들어하지 말라. 참고 견디고, 다시 노력하면 언제고 반드시 좋은 날이 온다. 그 날이 오면, 지금 겪고 있는 어려움이 좋은 추억으로 바뀔 것이다. 그러니 용기 잃지 말고 도전하자.

자식에게 한 번쯤 이런 이야기 해주고 싶지 않은가?

"아빠는 어렵고 힘들수록 의지를 불태웠다. 어려운 일은 피할수록 더 어려워지니 맞서 싸워라. 그러면 어려움은 점점 사라질 것이다."

이런 이야기를 하기 위해서라도 열심히 살아야 한다.

다시 '건배 제의' 현장이다. 내가 "인생!"이라고 외치자 모두들 "멋있어!"라고 화답하면서 침체돼 있었던 분위가 일시에 살아났다.

인생 뭐 있나? 잘될 거라는 생각으로 열심히 일하면 되는 거지.

숙고熟考

내 안에 답 있다

이 세상에 고민 없는 사람은 없다. 집안 문제, 직장 문제, 친구 문제, 이성 문제 등 고민할 게 참 많다. 그중 가장 큰 고민은 무엇인가? 아무래도 '돈'에 대한 고민 아닐까? 돈이 없으면 많이 불편하고, 돈이 많으면 참 편하게 살 수 있는 게 우리 사회이다. 그래서 다들 돈을 벌려고 노력하고, 너도나도 돈, 돈 하는 것이다.

나 역시 돈에서는 자유로울 수 없다. 회사 매출이 올라가면 나도 모르게 콧노래가 나오고, 매출이 떨어지면 기분도 바닥으로 가라앉는다. 그런데 나는 주변 사람들과 조금 다른 게 하나 있다. 돈에 대한 고민이 시작되려고 하면, 돈보다 먼저 '일'을 먼저 떠올리려 노력한다.

일은 참 고지식하다. 돈은 작은 기교를 부리면 얼마의 이득이라도 더 올릴 수 있지만, 일에는 기교가 통하지 않는다. 몸이 힘들 때면 '모든 게 저절로 해결됐으면 좋겠다'는 생각도 해보지만 부질없는 바람이라는 것을 깨닫는다. 결국, 본인이 해야 할 일은 스스로 마무리해야 일이 처리된다.

생각은 지식을 뛰어넘는 지혜이다. 나는 사업을 하면서 10여 년 가까이 대부분 나보다 나이 많은 임원들을 두었다. 때로는 이견도 있었다. 그분들과 소통을 하기 위해서 참 많은 고민을 했다. 하지만 늘 숙고 끝에 답이 나왔고, 소통이 되었다.

부부 사이에 갈등이 있을 때도 마찬가지였다. 내가 상대를 이해하고 내 이야기를 잘 전달하기 위해서 어떻게 전달할 것인지 고민을 해야 갈등이 해소되곤 했다. 기업의 전략을 짜는 과정도 마찬가지였다. 여러 날 반복해서 고민해야 좋은 전략이 나왔다. 대화를 하는 데도 아무 생각 없이 즉흥적으로 말해서는 상대에게 신뢰를 주기 힘들다. 많은 생각이 풍요로운 삶을 만들어준다.

일을 시작하기 전에 어떻게 처리할지 '숙고'하기 시작하면 많은 도움이 된다. 사물의 무게를 측정하려면 '저울'이 있어야 하고, 깊이와 넓이, 높이를 측정하기 위해서는 각종 '자'가 필요하다. 집을 짓거나 도로를 닦더라도 기준이 있고 방법이 있다. 그러나 이렇게 이미 정해져 있는 기준이 가장 이상적이라 말할 수는 없다. 더 좋은 방법을 찾을 수도 있다. 그러니 세상에 나온 정보가 자신에게 전부 맞을 것이라고 생각하기에 앞서 숙고를 통해 자신만의 해법을 만들 필요가 있다.

암 환자를 떠올려보자. 치료가 불가능하다는 의사의 판정에도 포기하지 않고 지혜를 발휘해 병을 극복하는 예가 적지 않다. 세상의 모든 성공 사례는 사회가 통상적으로 정해놓은 매뉴얼이 아니라, 누군가 부단히 노력해서 일군 사례들이다. 우리는 누구나 불가능한 것을 가능하게 만들 수 있고 새로운 창시자가 될 수 있다. 이 세상에 절대적인 지식은 없다.

실제 암 진단을 받은 사람들 말로는 '병원마다 진단이 조금씩 다르고, 치료 방법도 다르다'고 한다. 그 누구의 말도 100퍼센트 신뢰할 수 있는 것은 없다. 치료 방법은 스스로 선택해야 한다.

암까지는 아니지만, 나도 비슷한 경험을 한 적이 있다. 손목을 다쳐서 수년간 치료를 받았다. 어떤 병원에서는 수술을 하라고 권했고, 어떤 병원에서는 오히려 부작용이 올 수 있다며 수술을 반대했다. 나는 의사의 의견은 참고만 하고, 고민을 통해 여러 방법 가운데 스스로 치료법을 선정했으며, 마침내 수술 없이 병을 치료했다. 내가 만일 한 명의 의사만 만났고 수술을 받았다면 지금도 몸 안에 철심을 박은 채 살아가고 있을 것이다.

인생도 마찬가지이다. 기존의 남들이 살아왔던 삶의 방법도 있지만 자신만의 삶의 기준과 방법도 만들어가면서 살아가려는 노력이 필요하다. 수시로 자신의 위치를 반성하고 목표를 향해 달려가기 위해서는 자기만의 기준이 있어야 한다.

세상은 갈수록 고도화되어서 자꾸 시스템이 만들어지고 있다. 커다란 시스템 속에 세밀한 정책들로 사회가 이루어져가고 있는 것이다. 그러다 보니 이유를 생각하기도 전에 학교에 가고, 자신이 살아갈 직업을 정하고, 가정을 꾸리고 살아간다. 의심조차 하지 않는다. 그러나 사회가 정해놓은 시스템과 그 길이 모두 옳다고 할 수는 없다. 특히 의심조차 하지 않고 그저 사회의 명령대로 움직이다 보면, 적당히 살아가다 인생을 마무리하게 된다. 물론 사회 시스템에 젖어 있으면 안전할 수는 있다. 그러나 인생은 그런 게 아니다. 적어도 자신의 의지대로 가는 것이다. 그래서 고민하며 살아야 한다.

여행을 하든, 영화를 보든, 독서를 하든, 무엇이든 경험한 이후에는 내 것으로 만들어야 한다. 그러기 위해서는 경험한 이후에 사색이나 기록을 통해 되새김질하는 과정이 필요하다. 이런 과정을 반복하게 되면 인지 능력이나 판단 능력, 이해력이 깊어진다. 이것이 바로 내공이다. 내공이 있어야 성공도 있는 법이다. 반대로, 다양한 경험을 하고도 되새김질이 없다면, 그야말로 그 경험은 헛된 고생이나 유희 수준에서 끝나고 만다. 참으로 아까운 일이다.

젊은이들은 그 황금 같은 시기에 자기계발을 위해서 다양한 경험을 쌓는다. 많은 시간과 비용을 투자하여 공부를 하고, 해외에 나가고, 오지 체험을 하기도 한다. 그러나 같은 경험을 해도 결과물은 사람마다 다르다. 그저 이력서에 경력 한 줄 채우는 수준에서 끝나는 사람이 있는가 하면, 그 경험의 과정에서 비전을 만들고 인생을 바꾸는 사람도 있다. 성공을 원한다면 당연히 후자의 자세를 가져야 한다. 경험은 고될수록 도움이 된다. 자신의 의지로 고통스러운 한계를 극복했을 때 얻는 내공은 이루 말할 수 없이 크다.

어떤 일을 해결하는 과정에서 전례에 얽매여서 틀 속에서만 움직이는 것은 수동적인 삶이다. 항상 더 나은 방법이나 지혜로운 길을 찾는 자세가 중요하다.

고민하지 않으면 자신이 보이지 않는다. 내가 지금 잘살고 있는지, 내가 하는 일이 진정 내가 원하는 일인지, 내가 지금 있는 곳이 나에게 어울리는 곳인지, 시시때때로 묻고 답해야 자신이 보인다. 그래야 '선택해야 할 시기와 선택해야 할 길'이 보인다.

고민하는 습관을 들이면 많은 것이 바뀐다. 업무 능력이 나날이 향상된다. 주위로부터 좋은 평가를 받다 보니, 성공의 기회도 많아진다. 스트레스도 줄어들고, 건강도 좋아진다. 이처럼 고민하는 습관이 가져다주는 결과물은 풍선처럼 계속 커간다.

많은 사람들이 성공을 원하고 성공을 이야기하고 있다. 그런데 성공은 많은 사람들이 가질 수 있는 게 아니다. 그렇다고 성공할 수 있는 사람이 정해져 있는 것도 아니다. '일에 대한 부단한 고민'을 통해 부단히 삶을 개선해나간다면, 성공은 그리 먼 곳에 있는 것이 아니다.

'고민'부터 시작하라. 고민의 힘은 실로 위대하다!

의견意見

나만의 생각을 가져라

이렇게 이야기하면 “아니!”라고 할 사람들이 많겠지만, 사람들은 대부분 남이 하는 결정을 따라가려고 하지 본인이 결정하는 경우가 많지 않다. 이미 세상에 나와 있는 데이터가 많아서 스스로 판단해야 할 기회가 줄어든 게 첫 번째 원인이고, 그렇게 스스로 판단을 하지 않다 보니 의존적인 삶이 굳어져버린 게 두 번째 원인이다.

정조는 ‘이치를 따질 때는 반드시 깊이 생각하고 힘써 탐구해야 한다’고 했다. 또한 ‘의심할 것이 더 이상 없는 곳에서 의심을 일으키고, 의심을 일으킨 곳에서 또다시 의심을 일으켜 더 이상 의심할 것이 없는 완전한 지경에 다가서야 비로소 시원스럽게 깨달았다 말할 수 있다'고 했다. 문제를 두고 스스로 고민해서 해결해야 진정한 지식이 되고, 가치 있는 일이라고 가르친 것이다.

꼭 정조의 이야기를 꺼내지 않더라도 예전 우리 조상들은 참 생각을 많이 하고, 그런 과정을 거치고 나서야 결론을 내곤 했다. 실제로 그 시절에는 공부하는 것을 '수학修學'이라고 표현했고, 누구로부터 배우는 것이 아니라 스스로 깨우치는 과정을 통해 학문을 익혔다.

우리는 언젠가부터 스스로 깨우치는 버릇을 잊은 채 삶의 대부분을 다른 사람에게 의지한 채 살아가고 있다. 우리의 삶이 과거 선조들의 삶에 비해 편리해졌는지 모르지만 동시에 정신적인 결핍 현상도 심해지고 있다. 삶을 비옥하게 만들려면 남에게 의존하는 버릇을 버리고 스스로 묻고 나름대로 답을 얻는 과정이 연속되어야 한다.

한곳에 오래 살다 보면, 이사할 때가 온다. 다른 곳? 어디로 가야 하는가? 참 쉽지 않은 고민이다. 주위 환경을 고려해야 하고, 자녀 교육도 생각해야 하고, 집값도 꼼꼼히 따져야 한다. 이사가 가능한 여러 곳을 찾아본다. 결정이 쉽지 않다. 결국 주변 사람들에게 물어본다. 그 주변 사람 중에 가장 믿을 만한 사람의 의견이 계속 기억에 남는다. 결국 그곳으로 이사를 간다. 하지만 이렇게 해도 실패를 하는 경우가 많다. 주변 사람들의 환경에는 맞을지는 모르지만 나의 환경에는 맞지 않았기 때문이다. 결국은 얼마 살지 않아 다시 이사를 한다. 상대의 말보다 직접 나서서 명확하게 따져봐야 한다. 나 역시 이와 비슷한 경험이 있다.

이런 일은 나에게 국한된 이야기가 아니다. 주변 사람들과 이야기를 나눠보면 비슷한 경험담이 등장한다. 물론 다른 사람의 의견대로 결정하고 진행해서 일이 잘될 때도 있다. 하지만 내 현실과 맞지 않아서 고생할 때도 많다. **우리는 너무 자주 주변 사람들 말에 무의식적으로 동화되어 의사를 결정하는 오류를 범하곤 한다.**

너무 바쁘게 사는 것도 그리 좋은 일은 아니다. 아무리 일이 많아도 스케줄을 현명하게 짜서 숨통을 틔워줘야 하고, 현재 진행되는 일을 수시로 점검하고 반성하는 시간이 필요하다. 우리는 스케줄을 너무 빡빡하게 짜는 버릇이 있다. 헐떡헐떡 일을 처리해야 일을 했다고 생각하는 사람들도 있다. 그러나 진짜 일을 잘하는 사람은 바쁘게 살아가지만 반드시 세밀하게 점검을 한다. 일을 바쁘게 처리만 하고 매사 깊이 생각하지 못한 채 상대방 말에 무작정 동의하는 일이 벌어진다. 이런 식으로는 좋은 결과를 얻을 수 없고, 좋은 삶을 살고 있다고 말하기 어렵다.

"우리 사장님은 엄청나게 의심이 많다. 사업을 추진하는 게 힘들다."

어느 회사든 이런 이야기를 하는 직원들이 있다. 나는 이 말을 참 싫어한다. 사장의 그런 행동이 '의심'이라 생각되지 않기 때문이다. 어느 대기업 임원분과 있었던 일이다. 우리 회사는 그 기업의 일을 하고 있었다. 그 임원은 자신의 팀장이 보고한 것을 확인하려고 나에게 전화를 걸어왔다. 그는 정확한 의사 결정을 위해 여러 의견을 듣고 싶어 했다. 나는 모든 사실을 있는 그대로 이야기해주었다. 그의 행동을 존중했기 때문이다. 그는 늘 충분한 의견을 들은 후에 의사 결정을 했고, 그 결정은 늘 성공적인 결과를 가져왔다. 그는 그 기업에서 계속 승진했고, 대표이사 자리까지 올라갔다.

아무리 세심하게 챙겨도 잘못된 의사 결정으로 많은 손실을 보는 경우가 있다. 그러니 가능한 모든 채널을 통해 확인 작업을 해야 한다. 눈에 보이는 것도 실수가 많은데 보이지 않은 부분에 얼마나 실수가 많겠는가? 의심하는 것과 세심하게 확인하는 것은 다르다.

기업 경영도 마찬가지다. 결정권자들이 자신만의 기준을 가지고 책임감 있는 의사 결정을 하기보다 두루뭉술한 정황만 믿고 무의식적으로 사업적 판단을 할 때가 많다. 기업이 힘들어지는 과정을 보면, 이처럼 결정권자들의 고민이 부족하거나, 타성에 젖어서 결정을 하지 못할 때 찾아오는 경우가 많다. 이러한 순간의 의사 결정의 실수가 이어진다면 엄청난 손실을 가져올 수도 있고, 또한 고객으로부터 많은 신뢰를 잃을 수도 있다. 이런 일은 기업의 흥망성쇠와 직결된다. 많은 사람들은 이러한 시행착오를 한 뒤에야 비로소 많은 것을 깨닫는다. 사람들은 섬세함을 불편해한다. 그러나 섬세함 없이 걸작이 나오지 않았다.

삼성전자, 현대자동차, 애플 같은 세계적인 기업들의 기업가들은 수많은 반복적인 연구, 확인, 시행착오를 거쳐 세계적인 기업이 되었다. 이들은 지금도 연구, 확인, 시행착오를 거듭하고 있다. 이 반복을 멈추는 순간 경쟁에서 추락한다고 생각하고 있다. 개인도 마찬가지이다. 일상생활에서 한시라도 긴장을 멈추면 추락할 수 있다. 상대로부터 신뢰도 잃는다.

자신만의 생각을 가져라. 문제나 과제를 판단할 수 있는 기준을 만들고, 의견을 가져라. 매사 자신의 생각을 주변 사람들에게 말하다 보면 스스로 지칠 수도 있고, 남들로부터 원망을 들을 수도 있다. 그래도 다른 사람의 판단에 의지하지 말고 자신만의 기준을 만들라. 이런 습관을 들이는 게 반전과 변화의 시작이다.

부정의 부정

안 될 거란 생각? 지금 바로 날려버려!

성공하기 위해서는 기본적으로 일을 많이 해야 한다. 일을 많이 하기 위해서는 일을 많이 수주받아야 한다. 일은 주변 사람들이 만들어준다. 그러니 성공하기 위해서는 본인 스스로 상대로부터 일을 수주받을 만한 사람이 되어야 한다. 단순히 업무 처리 능력에 한정된 이야기가 아니다. 아무리 일을 잘해도 부정적인 사고로 가득 차 있거나, 커뮤니케이션을 잘하지 못하는 사람과는 일을 함께할 맛이 나지 않는다. 일단 일하는 자세를 받아들여야 한다.

누구로부터 일을 의뢰받고 진행하면서 계속 불만 섞인 말을 하는 사람들이 있다. 처음부터 끝까지 투덜댄다. 그야말로 민폐다. 그 소리 들으면서 일하는 사람들이 더 힘이 든다. 기본적으로 부정적인 사고를 가진 사람이 하는 행태다. 이렇게 되면 본인도 힘들겠지만, 의뢰인도 '일을 괜히 주었구나!' 하고 후회하게 된다. 다시는 일을 못 받을 가능성이 높다.

A라는 지인이 나에게 일을 의뢰해왔는데, 업무를 분석해본 후 나보다 더 잘할 수 있는 B라는 사람에게 일을 소개해주었다고 하자. 보통 이런 경우라면 "일 소개해줘서 고마워. 다음에 나도 도와줄게" 이런 말이 먼저 나오기 마련이다. 그런데 "내가 그 일 맡아서 얼마나 힘든 줄 아느냐?"라거나, "그 일 하느라 시간 빼앗겨서 놓친 일이 한두 개가 아니다"라는 등 꼭 이런 식으로 말하는 사람이 있다. 모든 일에 불만부터 이야기하는 부정적인 인간형이다. 소개해준 입장에서 이런 소리를 들으면 기분이 상할 수밖에 없다. 실제 업무가 과중하더라도 소개해준 고마움 정도는 전달하는 것이 맞다. 나라도 B와 같은 사람에게는 두 번 다시 일을 소개하지 않는다.

부정적인 사고를 하는 사람들은 몸에 밴 비판 능력 때문에 스스로를 현명하다고 생각할지 모르지만, 그 착각 때문에 많은 기회를 놓친다. 일을 소개해주는 사람들은 우선 업무 능력을 보지만, 일정 수준이라는 판단이 들면 그다음은 기분 좋은 사람에게 일을 주게 된다. 기분 좋은 사람과 일을 하다 보면 결과도 좋을 거라는 생각을 하게 되고, 이런 일이 반복되면서 신뢰가 쌓인다.

부정적인 사고를 가진 사람들은 시간이 지날수록 커뮤니케이션이 단절될 가능성이 높기 때문에 업무 처리 능력을 지속적으로 발전시키기도 어렵다. 그러다 보니 나이가 들수록 업무 처리 능력은 정체되고, 밑천은 바닥을 드러내게 된다. 결국 경험이 적은 사람이 되고, 사회에서는 통념적으로 부정적인 사람을 경험이 적은 사람이라고 판단한다. 일을 해보지 않아서, 또는 실패에 대한 경험 때문에 부정적인 의견을 내는 게 습관이 됐다고 보는 것이다.

실제로 작은 일이라도 성공을 경험해보지 못한 사람들은 일을 시작하기 전에 '안 되는 이유'를 계속 이야기한다. 그러느라 일은 시작조차 하지 않는다. 그렇게 몇 개월 흘러가면 그 일은 못하게 된다. 이런 경험이 쌓이면 매우 부정적인 인간이 되고 만다. 부정이 더 심한 부정을 낳는 셈이다.

조직 내에서 어떤 일을 진행하다가 실패를 했다. 팀장은 조직원이 최선을 다하지 못한 것을 알고 지적을 하고 질타를 하는데 자기 잘못을 수용하기보다 최선을 다했는데 왜 나무라느냐는 식의 부정적인 변명으로 항변을 한다면 조직에서 인정받는 직원이 될 수 없다. 질타를 하는 원인을 깊이 인식하고 진정으로 반성을 하고 받아들이면 그 직원은 조직에서 인정받는 직원이다.

"우리 자식은 아무리 교육시켜도 안 된다"고 하소연하는 부모들이 있다. 이들은 "자식이 어릴 때는 윽박질러서 교육을 시킬 수 있었지만 이제는 커서 그렇게도 못한다"고 말한다. 이건 핑계이다. 다 할 수 있다.

기업 조직에서도 이런 일이 종종 벌어진다. 팀장 정도 되는 사람들은 "직원들 교육 아무리 시켜도 안 된다"고 한다. 이것도 발전이 가능하다. "어떻게 교육시키고 어떻게 이해를 구할 것인가?" 이 부분을 고민하면 답이 나온다. 먼저 부정적인 사고를 지워야 한다.

언젠가 한 기업의 임원에게 "왜 일을 골고루 나눠서 주지 않고 특정 직원에게 몰아서 줍니까?"라고 물어본 적이 있다. 돌아온 답은 "한 번 성과를 내본 사람은 과중한 업무가 주어져도 해결할 수 있다고 본다"는 것이었다. 그 말을 듣고 고개를 끄덕일 수밖에 없었다.

작은 일이라도 성과를 내본 사람이 실천할 줄 안다. 실천을 해야 성과를 낼 수 있다. 반대로, 성과를 내보지 못한 사람은 실천할 줄 모른다. 그러니 실천을 두려워한다는 것은 성공과 다른 길을 간다는 말이다. 결과적으로 해봐야 별것 없다는 식으로 부정적인 사고를 가질 수밖에 없다.

정주영 현대그룹 회장이 직원들에게 가장 많이 한 말이 "해봤어?"였다고 한다. 이 짧은 말 안에 참 많은 의미가 들어 있다. 모든 사람이 반대하는 중동 진출을 이루어낸 것이나, 유조선 한 척으로 서해 간척공사를 마무리한 것은 실천 의지가 만들어낸 성과이다. 이것이 바로 진정한 사업가 정신이다.

부정적인 사고를 버리고, 실천하는 삶을 선택하라. 부뚜막 소금도 집어넣어봐야 짠 줄 아는 법이다.

감동感動

모든 순간이 소중하다!

평범한 인생이 의미 있는 인생이 되는 것은 한순간이다. 어느 순간에 받은 감동과 충격이 인생을 바꾼다. 이게 바로 운명적인 순간이다. 이런 순간은 대체로 감수성이 살아 있는 젊은 시절에 주로 오고, 그때 인생의 목표와 계획을 세우게 된다. 물론 인생의 감동이 되는 순간은 나이와 상관없이 찾아오기도 한다. 단, 세상을 받아들일 열린 자세를 가지고 있어야 한다.

감동을 느끼는 데에는 개인차가 존재한다. 사소한 일에도 크게 감동하거나 자극받는 사람도 있고, 큰일을 겪으면서도 그 가치를 전혀 느끼지 못하는 사람들이 있다. 많이 느끼고 계속 변화하는 삶이 훌륭한 삶이 될 것이다.

우리가 느끼건 그렇지 못하건 간에, 순간순간 엄청난 기회가 우리 곁을 스쳐 지나간다. 그 기회를 잡아야 성공할 수 있다. 그러니 가능한 매 순간 깨어 있으려 노력해야 한다. 인생을 바꿔줄 그 순간이 바로 지금일 수도 있기 때문이다.

나는 가끔 후회한다.
그때 그 일이 노다지였을지도 모르는데
그때 그 사건이 그 물건이 노다지였을지도 모르는데
더 열심히 말을 걸고 더 열심히 귀 기울이고 더 열심히 사랑할걸
반벙어리처럼 귀머거리처럼 보내지는 않았는가.
우두커니처럼
모든 순간이 다아 꽃봉오리인 것을
내 열심에 따라 피어날 꽃봉오리인 것을!

정현종 시인의 〈모든 순간이 꽃봉오리인 것을〉이라는 작품이다. 이 시를 읽을 때마다 일생의 매 순간이 소중하고, 어느 한순간도 허튼 시간이 없었다는 사실을 새삼 깨닫게 된다. 과거를 돌아보면 후회도 많지만, 그래서 앞으로 더 열심히 살아야겠다는 생각도 하게 된다. 나의 인생이 매 순간 소중하다는 생각을 하다 보면, 매일매일 열심히 살아가게 된다.

언제부터인가 성실하다는 것이 자칫 '현명하지 못하다'는 의미로 받아들여지고 있는 것 같다. 요즘 사람들이 대부분 워낙 영악해져서 몸보다는 머리를 먼저 쓰는 버릇이 생겼기 때문이다. 그러나 시대가 변해도 사회를 살아가는 데에 성실함만큼 큰 무기도 없다고 생각한다.

물론 우리 시대가 무턱대고 성실했던 면이 없었던 것은 아니다. 몇 십 년 전만 해도 성공의 길이 많지 않았고, 배운 것도 많지 않다 보니 대부분 그저 열심히 일하는 방법 외에 다른 생각을 못했던 것도 사실이다. 그러나 열심히 뛰어다니는 가치는 아무리 높이 사도 부족함이 없다.

자신이 할 수 있는 최대한 노력을 기울여 성과를 낸 사람들을 보면 감동을 받음과 동시에 반성도 하게 된다. '우리나라의 발전은 어머니들의 희생을 발판으로 했다'는 말이 있다. 실제 우리 어머니들은 온몸으로 희생하며 가정을 지켰고, 자식들을 교육시켰다. 그 어머니들의 삶이 고스란히 감동이고, 반성의 모티브가 된다.

감동은 상대로부터 감동을 받는 경우가 있고 스스로 감동이 되는 경우도 있다. 자의든 타의든 감동이 많을수록 사회가 정화되고 개인의 삶이 활성화된다는 데에는 이견이 없을 것이다. 스스로 감동을 받거나 감동을 주는 삶은 자신이 몸담고 있는 조직에도 좋은 영향을 미친다. 성과도 좋아진다. 그러니 우리 모두가 감동이 되거나 감동을 줄 노력이 필요하다.

감동은 대체로 생각하지 못한 순간에 찾아온다. 일상에서는 꾸준한 노력이 있을 때 찾아오는 경우가 많다. 누군가와의 경쟁이 시작되었다. 상대보다 실력이 부족하지만, 꾸준히 노력해서 승부에 임했다. 패할 것으로 생각했으나 예상 밖으로 좋은 성과를 얻었을 때 참 많이 감동하게 되고 감동을 주게 된다. 나도 사업하면서 이런 경험을 참 많이 했다. 이길 수 없을 것 같았던 경쟁에서 실력으로 승리를 거두었을 때 참으로 가슴이 벅차다. 이처럼 감동은 스스로 만들어내는 것이다.

그런데 살아가다 보면 세상이 퍽퍽하다 보니 아무래도 감동을 받을 일보다는 침체되는 순간이 더 많다. 우울한 날은 나이가 들수록 더 많다. 몸과 마음이 쉽게 지치고 회복이 더디기 때문이다. 그래도 힘을 내야 한다. 우울하고 슬프다고 가만히 있을 게 아니라 스스로 감동을 만들려고 노력해야 한다. 감동이 되는 삶이 얼마나 값진 것인지 알아야 한다.

살아가면서 부끄럽다고 느낄 때는 '정말 최선을 다해 살았는가?'라는 질문을 던지게 될 때이다. 이런 질문은 대체로 세상을 정말 열심히 살아온 분들을 볼 때마다 던지게 된다. 스스로 던진 질문에 돌아오는 대답은 부끄럽게도 'yes'가 아니다. 왜냐하면 정말로 목숨을 걸 정도로 열심히 뛰어다녔다고 스스로 인정할 수 없기 때문이다. 주변에서는 맨주먹으로 시작해 중견 기업을 일군 나의 인생을 두고 좋은 이야기를 많이 해주지만, 나는 부끄럽기만 하다.

그래서 나는 가끔 후회한다. 매 순간 꽃봉오리 같은 인생을 그냥 지나친 것은 아닌지. 그리고 희망한다. 앞으로 매 순간 꽃봉오리라 생각하며 성실하게 살겠노라고.

8

마음 관리

살아야 하는

이유를

찾는 마음

상처傷處

몸보다 마음이 더 아프다

어느 지인의 이야기다. 그는 형편이 넉넉지 않았다. 그래서 딸의 학비는 중학교 시절부터 아이의 할머니가 지원해주었다. 그 딸이 자라서 대학에 합격했고 할머니가 옷 한 벌을 선물로 주었다. 그런데 딸은 할머니가 사준 옷이 마음에 들지 않는다며 입학식에 입고 가지 않았다. 할머니가 서운한 마음에 "내가 사준 옷이 마음에 들지 않았던 모양이구나?"라고 물었다. 그 지인은 딸이 어떻게 대응할지 불안했다. 그런데 딸은 "할머니께서 사주신 옷을 너무 자주 입는 바람에 때가 타서 오늘 못 입고 오게 되었어요. 할머니 미안해요"라고 답했다. 그러자 할머니는 이내 마음이 풀어졌다.

말 한마디에 천 냥 빚을 갚는 법이다. 할머니가 선물한 옷을 선택하지 않은 것은 잘못일 수 있지만, 몹시 서운할 수 있었던 할머니 마음을 위로한 것은 그나마 상대를 배려하는 행동이었다.

어느 가정에서 있었던 일이다. 부인이 전날 과음한 남편을 위해 아침으로 콩나물국을 끓였다. 남편이 콩나물국을 한 수저 뜨자마자 "싱겁다"고 투덜댔다. 부인도 살짝 언짢아진 마음에 "소금 쳐서 드세요"라고 냉랭하게 말했는데, 남편이 그 소리를 "소금 처드세요"로 잘못 받아들여 부부 싸움으로 번졌고, 둘 사이는 한층 벌어졌다.

말은 참 중요하다. 본인이 꺼낸 말로 끝이 나는 게 아니다. 상대가 어떻게 받아들이는가가 중요하다. 그래서 생각하고 말을 해야 한다. 상대에 대한 배려가 필요한 것이다.

배려 안에는 두 가지 의미가 있다. 상대에게 베푸는 것도 배려이고, 상대의 호의를 고마워할 줄 아는 것도 배려이다. 이 두 가지를 모두 잘해야 관계가 깊어진다. 너무나 당연한 이야기인데, 사람들은 이걸 잘하지 못한다. 특히 받는 것에 익숙한 사람들은 도움을 받고도 고마워할 줄 모른다. 사회적으로 높은 위치에 있는 사람은 '나에게 호의를 베푸는 것은 당연한 일'이라고 받아들이고, 형편이 어려운 사람은 '도움을 받는 게 당연한 일'이라고 생각한다. 이런 마음을 가지고 있는 사람들에게는 호의를 베풀고 싶은 마음이 사라진다. 작은 도움에도 감사할 줄 아는 사람에게 한 번 더 눈길이 가는 법이다. 이게 인지상정이다.

세상을 살다 보면 의도했든 그러지 않든 간에 주변 사람들에게 상처를 주기도 하고 받기도 한다. 어쩔 수 없는 일이다. 대신 처신은 잘해야 한다. 누군가에게 상처가 될 일을 했다면, 마음을 풀어줄 줄도 알아야 한다.

서로 상처를 주고받는 일은 사회생활보다 부부 사이에서 더 많이 일어난다. 어릴 적 부모에게 받은 상처, 살면서 생긴 불안, 열등감이 모든 콤플렉스를 신기할 정도로 정확하게 배우자에게 쏟아낸다. 그래서 결혼생활을 하다 보면, '나와 함께 살고 있는 사람이 내가 알고 있던 그 사람이 맞나?' 싶을 때가 있다. 예전에 책에서 이런 문장을 읽은 적이 있다.

"결혼은 두 사람이 하는 줄 알았습니다. 그런데 네 사람이 하는 것이었습니다. '아내'와 아내의 내면에 있는 '상처받은 소녀', 그리고 '남편'과 그 속에 있는 '분노하는 소년'입니다. 남편은 아내를 사랑할 수 있지만 아내 속의 상처받은 소녀는 사랑할 수 없어서, 그 소녀와 부딪히면서 상처를 받습니다. 아내 역시 남편을 사랑할 수 있지만 남편 속의 분노하는 소년을 사랑할 수 없어서, 그 소년과 부딪히다가 상처를 받습니다."

생식으로 유명한 황성주 박사의 『건강을 욕망하라』는 책에 나왔던 내용인데, 정말 마음에 잘 와 닿았다. 부부 사이에서는 자라온 환경이 달라서 갈등이 생기는 경우가 종종 있다. 단순히 경제적인 차이를 말하는 게 아니다. 사랑을 못 받고 자란 사람은 애정 결핍 때문에 갈등이 생길 수 있고, 불화가 심한 부모 밑에서 자란 사람에게는 가정이라는 테두리가 불안한 공간으로 다가올 수도 있다. 그래서 결혼생활은 두 사람이 하는 것이 아니라, 실제로 네 사람이 하는 것일지도 모른다.

사람은 몸이건 마음이건 충격을 받으면 상처가 생긴다. 한 번 상처를 입으면 마음이 약해져서 작은 충격에도 크게 흔들리고 때로는 치명상을 입기도 한다. 때문에 상처를 받으면 만사 제쳐두고 치료부터 해야 한다. 제때 치료하지 않으면 딱지가 떨어지기 전에 연이어 닥쳐오는 또 다른 상처에 크게 상심할 수도 있다.

'한 부모에게서 태어난 형제가 이웃보다 못하다'는 말이 있다. 주변에서 형제간 갈등을 종종 목격한다. 재산 싸움, 부모 봉양 문제, 고부 사이 갈등 등이 그 내용이다. 갈등을 넘어 영원히 해결할 수 없는 상처를 입히는 경우도 있다. 어릴 때에는 미우나 고우나 한집에서 같이 살았지만, 결혼하고 별개로 가정을 꾸리며 상황이 바뀌게 되니 문제가 생긴다.

부처님 말씀 중에 "물질의 세계는 끊임없이 변화하여 무상하고, 무상한 것은 괴로움이고, 괴로운 것은 그 실체가 없어서 영원하지 못하다"는 말이 있다. 형제간 갈등으로 생긴 상처는 쉽게 낫지 않는다. 긁어서 부스럼을 남기기보다 딱지가 자연히 치유될 때까지 오랜 세월 동안 덮어두는 것이 해결 방법일 수도 있다.

인간관계에서 생기는 모든 문제는 자신을 '인정'하는 자세와 상대를 '이해'하는 마음을 갖고 하나씩 해결해나가야 한다. 스스로 불완전한 인간이라는 사실을 인정하고, 상대 역시 단점을 가지고 있을 수밖에 없다는 사실을 인정하고 서로 이해하려고 노력하면 획기적인 '관계의 전환'이 일어난다.

사람의 관계는 한 가지 정서로 영원하게 유지되는 것이 아니다. 어제까지 원수 같았던 사람이 오늘 은인이 될 수 있다. 이런 인간관계의 역전이 삶의 어떤 역전보다 훨씬 극적이고 환희롭다.

'이 사람 대신 다른 사람과 일하면 얼마나 좋을까?' 이런 상상처럼 부질없는 것도 없다. 본인의 자세가 바뀌지 않는 한 그 자리에 다른 사람이 와도 똑같은 고민을 하게 될 것이기 때문이다. 주변 탓하지 말고 스스로 좋은 사람으로 살아가야 한다. 다른 사람에게 감동이 되어야 한다.

남에게 상처를 주는 인생보다는 남의 상처를 감싸주는 인생을 살자.

긍정肯定

힘드시죠?
웃어야지요

이런 경험 종종 하지 않는가? 혼자 차를 마시거나, 차를 운전하면서 지나온 날을 돌아보는데 자신도 모르는 새 슬며시 웃음이 나오는 일. 나는 이런 경험이 많다. 생각하면 할수록 사는 게 행복하고, 나를 둘러싼 모든 게 행운처럼 생각되어서 나오는 웃음이다.

생각해보면 이 세상 모든 게 축복 아닌 게 없다. 세상에 태어난 것부터 시작해서, 아내를 만난 일, 아버지로 살아가는 것 모두 어마어마한 축복이다. 뿐만 아니다. 집도 있고, 자동차도 있다. 회사도 가지고 있고, 따르는 직원들까지 있다. 이 얼마나 감사하고 행복한 일인가?

내가 행복하다고 느낄 때는 '일이 잘 풀릴 때'가 아니다. 오히려 사업이나 사회적인 관계에서 어렵고 힘든 순간을 만날 때 이런 생각을 더 많이 하게 된다.

누구나 그런 시기를 거치지만, 나 역시 창업 초기에 어렵고 힘든 일을 많이 겪었다. 빈손으로 창업했으니 자금 문제는 늘 있는 일이었고, 1997년 외환 위기 때는 고객사의 부도로 나 역시 휘청거렸다. 당시를 떠올리기조차 힘들 정도로 어려웠지만 어려움이 닥칠 때마다 모두 나를 단련시키는 과정이라 여기고 그저 묵묵히 일했다. 그 과정에서 나름 내공이 생겼는지, 이 세상 모든 것에 감사하는 마음이 생겼다. 그래서 나는 행복하다.

사실 나 역시 원래부터 혼자 있을 때 슬며시 웃음이 나오던 사람은 아니었다. 오히려 그 반대였다. 세상에 불만이 가득했고, 사람들이 싫었다. 동등한 관계에 있는 사람도 제대로 쳐다보지 못할 정도로 사회성도 떨어졌다. 한마디로, 웃음 지을 줄도 모르는 사람이었다.

그런 사람이 지금은 완전히 다른 사람으로 살아간다. 누구보다도 많이 웃는다. 이렇게 바뀔 수 있었던 것은 '단 하나뿐인 인생인데 어둡게 살 수 없다'는 자각 때문이었다. 사람의 의지는 무섭다. 과거를 반성하는 순간 전혀 다른 사람이 될 수 있다.

사람은 누구나 자격지심을 가지고 있다. 적정한 자격지심은 자신의 발전을 가져올 수 있지만, 지나친 자격지심은 패배의식으로 확대

되어 용기를 잃게 만들 수 있다. 어떤 일을 하는 데 있어 현상보다 더 안 좋게 보는 버릇이 되어 스스로를 고통스럽게 하고 일을 그르칠 수도 있다.

일이 잘 안 풀려서 마음이 불편한 어느 날이었다. 이메일을 점검하던 중 한 직원의 메일을 보면서 마음이 확 풀린 적이 있다. 그는 자신의 이름 대신에 '대단한 나!'라고 쓰고 있었다. 그 직원은 평소에 자신을 대단하다고 표현하면서 더 용기를 냈을 것이다. 그 마음을 배우고 싶어서 나도 이내 마음을 긍정적으로 바꾼 적이 있었다.

누구든 자기 자신에 대해 자부심을 갖고 수시로 칭찬해줄 필요가 있다. 상대가 불편해할 정도가 되어서는 안 되겠지만, 자기 스스로에게는 칭찬의 말을 건네고 자부심을 갖는 것 역시 마음을 다스리고, 일을 성공시키는 삶의 자세라고 생각한다.

내가 과거의 태도 그대로 지금까지 살아왔으면 어떤 사람이 되었을까? 아마 다니기 싫은 직장에서 하기 싫은 일을 하면서, 세상과 주변 사람들을 탓하면서, 그렇게 살고 있을 것이다. 생각만 해도 끔찍하다.

지금 내 모습이 완벽하다는 것은 아니다. 부족한 게 참 많다. 그래도 참 열심히 노력해서 지금의 나를 만들었다. '말은 분명하게 하자' '상대방을 분명히 응시하면서 말하자' '여유를 갖자' '웃으면서 말하자' 이런 말들을 마음속으로 얼마나 되뇌었는지 모른다. 이런 노력이 있자 인생이 변하기 시작했다.

물론 쉬운 일은 아니었다. 자신감을 갖고 살겠다고 마음먹어도 바로 그렇게 되지는 않았다. 더군다나 나는 지독하게 내성적이어서 몇 배는 더 힘들었다.

'긍정의 힘'에 대해서는 이미 수많은 사람들이 수도 없이 이야기해왔다. 실제로 세상의 모든 위대한 역사는 이런 긍정의 힘에서 시작되었다고 생각한다. 긍정을 막연히 기다려서는 안 된다. 긍정하기 위해서는 먼저 반성해야 한다. 긍정의 힘은 반성하고 스스로 깨닫는 데서 시작하기 때문이다. 반성을 하게 되면, 그다음에 무엇을 해야 할지 생각이 떠오른다. 그때 바로 실천하라. 엄청난 에너지가 만들어진다. 이것이 긍정의 힘이다. 자기의 삶으로 받아들이지 않으면 의미가 없다. 긍정의 힘도 스스로 느끼면서 발전시켜야 한다.

농심의 김학성 물류본부장이 내게 이런 말을 해준 적이 있다.

"약 20년 넘게 회사에 몸담으면서 참 많은 도움을 받았습니다. 결혼도 하고, 집도 사고, 자식 공부도 시켰어요. 이처럼 그동안 회사의 은덕으로 생활해왔으니 이제는 받은 만큼 회사에 돌려주려 합니다."

얼마나 많은 사람들이 이 말에 과연 공감할까? 대부분은 '이 회사에서 일하면서 고생만 했다'고 생각하지 않을까? 그의 몇 마디가 나에게 큰 울림을 주었다.

반대로, 가정에서 부모로서 자식들에게, 회사에서 리더로서 직원에게, 어떤 모임에서 또는 국가 리더로서 회원에게 던진 부정적인 말 한마디는 엄청난 파장을 가져온다. 의사가 환자에게 던진 '얼마

못 산다'는 부정적인 말 한마디로 멀쩡한 사람의 운명이 갈릴 수도 있다. 그러니 리더의 말 한마디는 항상 긍정적인 비전을 주어야 한다. 긍정의 힘이 얼마나 큰 것을 가져오는지 상상을 해보라.

가면 갈수록 세상살이가 퍽퍽하다. 오늘 밤도 잠자리에 드는 게 힘든 사람들이 있을 것이다. 여러 가지 복잡한 문제들이 목을 조일지도 모른다. 나도 마찬가지다. 자려고 누우면 온갖 문제들이 스물스물 깨어난다. 그럴 때 나는 마음속으로 주문을 외운다.

'오늘 하루 많이 노력했고 정말 행복했다. 내일은 오늘보다 나을 거야. 내일은 모든 게 잘될 거야'

그러곤 아름다운 풍광, 떠나고 싶은 여행지, 어릴 적 기분 좋았던 기억 등을 떠올린다. 그러면 마음이 편안해지고 이내 잠이 든다. 그리고 아침에 일어나면 크게 외친다.

"나는 할 수 있다. 오늘은 즐거운 날이다."

즐겁지 않은 날이 없고, 할 수 없는 일이 없다.

유산 遺産

영혼의 상처는 물려주지 말라

우연히 부부 문제를 다루는 TV 프로그램을 보았다. 결혼 5년차인 한 부부 이야기다. 이들 부부는 날마다 싸웠다. 갈등의 원인은 '아내의 직무 유기'에 있었다.

이들 부부가 사는 집은 한마디로 쓰레기장을 방불케 했다. 방마다 쓰레기 수준의 물건들이 가득 차 있었다. 거실도 식구들이 겨우 잠잘 공간을 제외하고는 잡다한 물건으로 가득 차 있었다. 남편이 매일 하소연하다시피 "제발 정리하자"고 말한다. 아내는 "다 필요한 물건"이라며 만지지도 못하게 한다.

아내의 직무 유기는 정리정돈의 문제만이 아니었다. 가족의 끼니도 제대로 챙겨주지 않았다. 두 아들이 밥을 달라고 하면, "귀찮게 하지 말라"며 오히려 화를 냈다. 두 아이는 엄마로부터 아무런 도움을 받지 못한 채 방치되듯 자라고 있었다. 결혼 5년 동안 세탁기를 스무 번밖에 돌리지 않았다는 말에 이 프로그램에 참석한 배심원들 역시 '해도 너무한다'는 반응을 보였다.

한 정신과 전문의가 그 '직무 유기' 주부와 상담을 시작했다. 그리고 뭔가 감을 잡았는지 최면을 시도했다. 최면 상태에 이르자 전문의는 그 주부에게 과거를 묻기 시작했다. 그 여인은 울음을 터뜨리면서 엄마를 학대하는 아빠와 함께 지낸 성장기에 대해 이야기를 꺼냈다. 그 대상과 상관없이 그녀에겐 남편에 대한 막연한 미움이 내재돼 있었고, 결혼생활이 시작되자 이는 엄마와 아내 역할을 하지 않는 행동으로 드러난 것이다. 그러자 배심원들도 그 여인을 이해하는 분위기로 바뀌었다.

지금 생각해보아도 참 불쌍한 여인이다. 그 불쌍한 여인 때문에 고생스럽게 살고 있는 가족 역시 불행한 사람들이다. 그 불행의 고리가 프로그램 출연을 계기로 끊어지기를 바랄 뿐이다.

사람은 태어나는 순간부터 환경의 영향을 받으며 성장한다. 특히 어릴 적 성장 환경이 인생 전반에 미치는 영향은 실로 크다. 성장기 환경으로 굳어진 사고와 생활 습관은 성인이 된 이후, 특히 결혼 이후에 적나라하게 드러난다. 만일 자신이 사회생활이나 가정생활에서 상식적이지 못한 생활을 하고 있다면 그것은 이미 성장기부터 만들어진 일일 가능성이 크다. 그러니까 본인의 책임뿐만 아니라 부모와 그 시대의 책임도 있는 것이다.

지금은 많이 사라졌지만, 과거에는 남아 선호 사상이 사회 전반에 만연해 있었다. 딸은 거의 찬밥 신세였고, 부모의 관심은 아들에 집중되었다. 더구나 종손 정도 되면, 집안으로부터 넘쳐흐를 정도로 사랑을 받았다. 먹을 것도 가려서 주고, 교육도 집안 전답까지 팔아가며 최대한 시켜주고, 사업을 하던 무엇을 하던 여력이 되는 한 집안에서 지원을 해주었다. 이렇게 자란 장남은 사회에서 어떤 사람으로 살아갈까?

지원을 받은 만큼 결과가 나오면 좋으련만, 사실 그렇지 못한 경우가 더 많다. 생활력도 약하고 독립심도 없고 오로지 자신만 아는 인간으로 성장해 사회성이 떨어진다. 시대가 요구하는 인간관계나 리더의 조건에 많이 뒤떨어져 있으니 성공하기 힘들다.

반대로, 집안에서 천대받고 자란 자식들은 성인이 되어서 어떤 삶을 살까? 완전히 사회가 이들을 저버리지 않았다면, 생활력도 강하고 독립적이라 경제적으로는 문제없이 살아가지만, 어려서부터 피해의식을 갖고 자란 탓에 자기 자신이 깨우치고 깨닫지 못하면 비판적인 인간형이 되는 경우가 많다. 결국, 대접을 받든, 천대를 받든, 차별을 두고 자식을 키우는 가정에서 자란 사람들은 이래저래 불완전한 인간이 되는 셈이다.

부부 문제를 다루는 프로그램이었지만, 나는 자식 생각을 더 하게 되었다. 문제가 된 그 주부의 원인이 성장 환경에서 부친으로부터 받은 상처 때문이라는 사실이 밝혀졌기 때문에 그렇다. 나는 자식을 어떻게 키웠나? 혹시 상처를 주면서 키운 것은 아닐까? 너무 무관심했던 것은 아닐까? 한 명만 편애한 것은 아닐까? 많은 생각이 교차했다. 스스로 합격점을 받을 정도는 아닌 것 같아서 반성도 많이 했다.

창업 초, 온몸으로 사업에 몰입하고 있을 때 아이들에게 실수한 적이 있다. 신경이 예민하다 보니, 나도 모르게 아이들을 크게 혼냈다. 지금 생각하면 아주 사소한 일인데, 아이들에게 손을 댔다. 그러고 나자 아이들이 내게서 멀어졌다. 나에게 말해야 할 것을 숨기고 혼자 해결하기 시작했다. 미리 말하지 않은 게 문제가 되어서 어떤 사고가 생겼을 때, 아이들은 울면서 "아빠에게 혼날까봐 말을 못했어요"라고 말했다. 그 이야기에 너무 마음이 아팠다. 그 날 아이들에게 용서를 빌었다.

"내가 잘못했다."

요즘 들어 자식에게 물려줄 것은 돈이 아닐 거라는 생각을 한다. 상처 없이 자라서 정신적 육체적으로 건강하게 사회생활을 할 수 있게 해주는 것이 진짜 유산이라는 생각이 든다. 자식이 상처 없이 자라려면 부모가 어떤 마음을 가지고 있는지가 중요하다. 그래서 자식을 위해서라도 마음 관리가 필요하다.

아이들은 부모의 일거수일투족을 보면서 자란다. 아이를 키우는 과정에서는 이 사실을 절대 잊어서는 안 된다. 진정 부모라면, 내 상처가 아이들에게 대물림되지 않도록 하자. 그것 하나만이라도 잘하자는 생각으로 살아야 한다.

타협 妥協

쉽게 살다 보면 인생도 쉬워진다

사회적으로 파장을 일으킨 사건이 발생하면, 우선 잘한 것인지 잘못한 것인지 여론이 판단을 내린다. 그리고 그 결정에 따라 당사자의 운명이 결정된다. 그런데 이상하게도 요즘 세상은 참 많이 관대한 것 같다. 분명 잘못한 것 같은데, 괜찮다고 말한다. 다들 너무 쉽게 타협하는 것 같다.

어느 축구선수가 국가대표로 발탁되는 것을 두고 사회적으로 의견이 분분했다. “선수 선발은 감독의 고유 권한이니 가타부타 말할 이유가 없다”라는 의견과 “가슴에 태극 마크를 달 자격이 없다”는 의견이 팽팽하게 맞섰다. 결국 그 선수는 국가대표가 되었고, 사람들은 그를 국가대표로 인정했다. 그러나 개인적으로는, 쉽게 국가대표로 받아준 결정은 경기력과 상관없이 잘한 선택으로 여겨지지 않는다. 다른 것은 몰라도, 해외 리그에서 몇 년 뛰었다고 영주권 얻어서 군 면제를 받으려던 선수를 국가대표로 뽑는다는 것은 선수나 감독의 정체성은 별개로 치더라도, 국민으로서 부끄러운 일 아닌가? 해외 리그에서 그보다 오래 뛰었던 선수들은 얼마든지 있었지만, 그걸 빌미로 영주권 얻어서 군 면제를 받으려고 했던 선수는 단 한 번도 못 본 것 같다. 그저 경기력만 믿고 뽑는다면, 성적을 거두는 데에는 도움이 될지 몰라도 잃는 것이 훨씬 더 많을 것이다.

쉽게 타협하는 것은 개인의 인생도 마찬가지인 것 같다.

아이들을 키울 때 아내로부터 가장 많이 들었던 소리는 "다른 집 아이들도 다 그래요. 대체로 버릇없어요. 요즘 아이들이 다 그러니 당신도 그렇게 생각하세요"였다. 나는 그렇게 넘어가고 싶지 않은데, 자꾸 그냥 넘어가라고 한다. 왜 그렇게 편리한 쪽으로만 가려고 하는지 모르겠다.

하루는 아내에게 "남의 집 아이들이 그런다고 우리 아이들까지 그렇게 키우지 말라"고 심각하게 말한 적도 있다. 다른 것은 몰라도 예의범절에 관한 한 적당히 넘어갈 수 없는 부분 아니겠는가.

아이들에게도 엄포를 놨다.

"공부는 다소 부족해도 되지만, 버릇없는 것은 용서하지 않는다!"

어려서부터 이렇게 교육을 받아서 우리 아이들은 정말 그렇게 믿고 있다. 내가 출근할 때면 자식들이 늘 미리 나와서 인사하고, 밖에서는 다른 사람에게 한 살만 많아도 존댓말을 쓰고, 어른을 공경한다.

하루는 대학에 다니는 아들이 조선시대처럼 사는 것이 억울했는지 이의를 제기했다. "아버지 아침 배웅 생략하고 늦잠 좀 자면 안 되느냐"는 것이다. 친구들 중에 자신처럼 사는 사람이 없다는 것이다. 그래서 말했다. "남의 집 이야기는 하지 마라. 네가 말하는 남의 집 아들 중에는 부모에게 폐 안 끼친다고 스스로 학비까지 벌면서 다니는 아이도 있다"라고. 그러면 아무 말 못한다.

일부러 고생시키려고 이렇게 구구절절 자식들에게 깐깐하게 구는 것은 아니다. 자식들 요구를 한두 번 들어주기 시작하면 이내 버릇이 나빠지고, 그 결과는 사회생활에서 그대로 드러난다. 예의 없는 자식으로 만들 수는 없지 않은가? 그래서 힘들고 귀찮아도, 자식들의 이야기는 최선을 다해 들어주되, 수용할 수 없는 요구는 들어줄 수 없다고 충분히 납득할 수 있도록 설명해준다. 칭찬만이 고래를 춤추게 하는 것이 아니라 피나는 훈련과 고된 시련을 겪은 이후에 가끔씩 주어지는 먹이와 칭찬이 고래를 춤추게 한다.

요즘 사람들은 세상과 쉽게 타협하는 것 같다. 쉽게 사는 게 편할 수는 있다. 그러나 결코 좋을 리 없다. **모든 결과는 그에 마땅한 과정을 통해 만들어진다. 고생이 필요하면 고생을 해야 하고, 싸움이 필요하면 싸워야 한다. 자꾸 열매를 쉽게 얻으려고만 하면 그 인생의 결과는 점점 더 큰 어**

려움에 봉착하게 된다.

부러운 마음 때문에, 사람들 눈에는 편하게 사는 사람들이 먼저 눈에 들어올지 모르겠지만, 세상에는 자신을 단련하며 열심히 사는 사람들도 많다. 이들은 자신에게 엄격하고, 자신의 한계를 극복하려고 노력하면서 산다. 그런 사람들 때문에 세상이 이 정도로 유지된다고 봐도 틀리지 않는다. 기준을 삼으려면 그런 사람들을 떠올려야 한다.

나 역시 아내나 자식들이 고생하면서 사는 것은 좋아하지 않는다. 그러나 고생 없이 결과를 얻으려 하는 것은 더 좋아하지 않는다.

어느 날 아들이 작정하고 묻는다.

"아빠는 왜 그렇게 모든 것에 예민하세요? 사업하면 다 그렇게 되는 거예요? 저도 제가 알아서 판단할 나이가 되었어요. 제 태도에 대해 너무 참견하지 마세요."

그 말도 일리는 있다. 그러나 한 번 풀어주면 죄다 풀릴 것 같아서 그렇게 할 수 없었다.

"내가 열매를 따서 너에게 주면, 너는 열매 따는 재미를 모르지 않겠니? 열매를 먹는 것보다 열매를 수확하는 재미가 훨씬 크다는 것을 알려주려고 그러는 거야."

이렇게 말하면 또 기나긴 연설이 이어진다 싶었는지 아들이 더 이상 아무 말 않고 수긍한다. 여전히 편안하게 살고 싶은 눈치지만, 꼬장꼬장한 아버지에게 더 이상 말을 해봐야 본전도 못 찾겠다고 생각하는 모양이다.

쉽게 타협하는 습관이 있다는 것은 삶의 원칙이나 이루고 싶은 목적이 없다는 말과 다르지 않다. 조직이나 개인의 생활에서 바람직하지 못한 방향으로 빠질 가능성이 있고, 결국 사회로부터 인정받지 못할 수 있다. 그래서 부모 입장에서는 깐깐해질 수밖에 없는 것이다. 절제와 자제, 통제, 자신만의 기준점을 정하고 실행하는 것이 쉬운 일은 아니지만 그래도 반드시 실행에 옮기는 습관이 중요하다.

이 세상 모든 자식들에게 말하고 싶다.

"세상에 이내 타협하지 말고, 자기를 힘들게 길들이는 사람들을 기준으로 삼으며, 최대한 열심히 살아라."

사랑

따뜻한 말 한마디가 인생을 바꾼다

그리 오래전 일도 아니다. 미국의 어느 대학 사회학과 교수가 학생들에게 미국에서도 최악이라는 볼티모어 빈민가 청소년의 미래를 조사하라는 과제를 냈다. 학생들은 상상할 수도 없는 조건에서 살고 있는 청소년들을 보고 나서, 조사 대상 200명 중 90퍼센트가 교도소에 갈 거라는 내용과 함께 '이 아이들에겐 미래가 없다'는 제목으로 보고서를 만들었다. 20년 뒤 한 교수가 우연히 이 보고서를 보았고, 그 역시 학생들에게 '이들 200명의 현재 삶을 조사하라'라는 과제를 냈다. 놀랍게도 조사가 가능했던 176명 대부분이 의사 변호사 사업가 등 성공적인 삶을 살고 있었다. 그들에게 이유를 물었더니 이구동성으로 "실라 오루크라는 여선생님이 계셨어요" 라고 말했다. 그 교수와 학생들은 오랜 수소문 끝에 이제 일흔이 넘은 실라 오루크를 찾아냈다. 그 여선생님은 교육 비결을 묻는 이들에게 딱 한마디만 했다.

"난 그 아이들을 한 사람 한 사람 모두 사랑했습니다."

우리나라 신문에도 한 차례 소개가 됐고, 스티븐 코비의 『오늘 내 인생 최고의 날』이란 책에도 나와 있는 내용이다.

볼티모어 흑인 빈민가는 세계적인 재즈 보컬리스트 빌리 홀리데이가 태어난 곳이기도 하다. 빌리 홀리데이 하면 떠오르는 노래 '이상한 열매Strange fruit'는 백인의 흑인 린치가 횡횡하던 시절, 백인에 의해 참혹하게 살해당해 나무에 매달린 흑인의 모습을 노래한 곡이다. 자신의 실제 삶도 백인에 의해 갈기갈기 찢겼던 빌리 홀리데이는 마약 중독으로 마흔넷의 나이에 숨을 거두었다. 이처럼 불행한 인생들이 계속 재생산되던 볼티모어 빈민가를 치료해준 사람은 대통령도, 시장도 아닌 어느 고등학교의 여교사였던 셈이다.

아무리 공교육이 무너졌다고 하지만 선생님의 가르침마저 사라진 것은 아니다. 학교에서 선생님마저 외면해버리면, 갈 곳이 없는 학생들이 지금도 많다. 궁지에 몰린 학생들을 뜨겁게 안아주는 선생님이야말로 시대를 밝히는 불빛임에 틀림없다.

나는 한때 경남 지역 19개 시군의 창원법원연합회 '소년소녀자원보호자협의회' 회장과 '법무부 창원지방검찰청 창원시 보호관찰분과

위원장'을 맡아 청소년 문제에 깊이 관여한 적이 있다. 장학금도 주고, 취업의 기회도 주는 등 사회 멘토 역할을 했다. 부모에게 사랑을 못 받고 자랐고, 순간적으로 실수를 저질렀지만 뉘우치고 반성하는 아이들에게 기회를 주고 싶었다. 그렇게 인연을 맺은 한 친구는 우리 회사에 취업도 했고, 지금도 열심히 생활하고 있다.

나를 아버지처럼 따르는데, 실은 나보다 불과 두 살 어릴 뿐이다. 사람은 누구나 실수를 할 수 있다. 특히 어린 시절에 저지른 실수는 충분히 감싸주어야 한다. 어린 마음에 잘못을 저지른 것만큼, 사랑을 주면 이내 제자리로 돌아오는 게 바로 청소년들이다.

엽기적인 범죄를 저지르는 사람들을 볼 때마다 사회로부터 사랑을 받지 못해서 복수하는 것은 아닐까? 이런 생각을 해본다.

우리가 사이코패스라고 부르는 연쇄살인범들은 대체로 열악한 가정 환경에서 성장했다. 애초부터 형편이 어려웠고, 사는 게 힘들어서 모친은 집을 나가고, 부친은 알코올 중독에 폭력을 일삼았다. 누구에게 의지해서 살아야 할 나이인데 매달릴 곳이 없다. 학교에 가면 친구 하나 없고, 학교의 선생님은 아무런 관심도 보이질 않는다.

학교 안에서 투명인간처럼 지내다 보니 학교 밖에서 만나는 비슷한 처지의 친구들과 어울려 다니게 되고, 좋은 물건 갖고 싶은 나이에 남의 물건 한두 번 훔치고 나면 소년원에 가게 된다. 소년원을 나와서는 취직도 안 되고 이런저런 노력을 기울여도 손가락질만 받고 그래서 차라리 소년원에서 사귄 친구들과 더 큰 범죄를 저지르게 된다. 그러다 정말 돌이킬 수 없는 범행도 저지르게 된다.

생각이 여기까지 미치면, 사실 범죄의 책임이 그들에게 있는 것이 아니라 우리에게 있다는 마음이 생긴다. 거의 모든 부모가 자녀에게 이렇게 말한다.

"너희 반에 ○○이라는 아이가 있는데, 그 아이와는 절대 친구하면 안 돼. 엄마는 오래전에 집을 나갔고, 아빠가 직업도 없단다. 그런 아이와 어울리면 큰일 나."

선생님도 학부모에게 이렇게 말한다.

"우리 학급에 결손가정 아이들이 있습니다. 제가 잘 관리할 테니, 너무 걱정하지 마세요. 문제가 생기기 전에 차단하겠습니다."

사회가 죄 없는 아이를 외톨이로 만든다. 외롭다 보면 사회에 반항심이 생기고 삐뚤어진 행동을 하게 된다. 그 아이들이 **학창 시절에 단 1년이라도 마음을 열어준 친구를 만났더라면, 가슴 따뜻한 선생님을 만났더라면, 적어도 범죄자가 되지는 않았을 것이다.** 왜냐하면, 사랑을 한 번이라도 경험한 사람은 절대로 다른 사람을 해칠 수 없기 때문이다. 나 역시 장자를 우선하는 집안 분위기 탓에 아버지로부터 사랑을 받지 못하고 컸다. 그러나 할머니로부터 이루 다 표현할 수 없을 정도로 큰 사랑을 받으며 자랐고, 그게 나에게는 큰 용기가 되었다.

교육은 단순히 지식을 가르치는 일이 아니다. 사랑이다.

山에서

자녀에게 하고 싶은 이야기가 있을 때

어느 일요일에 있었던 일이다. 잠자리에서 눈을 떠보니 새벽 5시 30분이었다. 문득 아이들과 산행이 하고 싶어졌다. 먼저 딸들에게 갔다. 큰딸은 선약이 있어서 안 된다고 했고, 작은딸은 피곤해하면서도 가겠다고 했다. 마지막으로 아들이다. 전에도 함께 산행을 하자고 했다가 몇 번 거절당한 적이 있다. 아들 방에 들어가 "같이 산행 가자"고 말하자 어쩐 일인지 이번에는 군말 없이 가겠다며 주섬주섬 옷을 챙겨 입었다.

집 주변에 청계산이 있다. 차를 타고 10분만 가면 바로 등산로가 시작된다. 막내딸, 아들과 함께 산을 오르기 시작했다. 사실 이 녀석들과 산행을 하는 데에는 나름대로 이유가 있었다. 꼭 하고 싶은 말이 있는데, 집에서 하는 것보다 산에서 하는 게 훨씬 효과적일 거라 생각했다. 산행이 시작되자마자 준비한 말을 꺼냈다.

"부모는 자식들의 훌륭한 내비게이션이야. 자식들이 부모들의 안내에 따르면 평탄한 길로 사회의 목적지까지 경쟁자들보다 빠르게 갈 수 있지. 공감은 하면서도 지독스러울 정도로 실행에 옮기지 못하는 것이 자식인 것 같다. 무슨 일이든 도전하고 성취하는 버릇을 길러라. 일단 실행에 옮기는 게 중요해."

사실 아이들에게 여러 번 했던 말이다. 나와 달리 우리 아이들은 아직까지 어리고 고생 없이 자라서인지 정신적으로 나만큼 다부지지는 못한 것 같다는 생각을 많이 한다. 그래서 강인하게 살라고 계속 주문한다. 그런데 이런 부모의 마음은 모른 채 아이들은 "요즘처럼 고도화된 시대에 무슨 정신력입니까!"라며 반기를 든다.

시대가 변해도 참 많이 변했다. 부모로부터 받는 혜택을 당연하게 여긴다. 이건 아니다 싶어서, 아이들 정신을 바짝 들게 하려고, "지금 당장이라도 나는 너에게 경제적 독립을 통보할 수도 있어"라고 강하게 말했다. '부모의 지원이 사라졌을 때 어떻게 살 것인가?'라는 질문을 던진 것이었다. 내 말에 아들은 꽤나 충격을 받은 표정이었다.

미국에서 아들과 같은 고등학교를 다니던 한 살 어린 후배 학생이 있었다. 그 학생의 아버지가 2년 전 골수암으로 세상을 떠났다. 어머니는 한쪽 다리가 불편한 장애인이다. 아버지가 세상을 뜨자 집안 수입이 사라졌고, 아들의 후배는 한국으로 돌아왔다. 이 이야기는 아들도 잘 알고 있다.

주변에 어느 날 갑자기 큰 병을 얻어서 승승장구하던 사업을 접은 사람들이 꽤 있다. 아예 세상을 등진 경우도 있다. 나도 어느 날 갑자기 쓰러질 수 있다는 생각을 한다. 오십대 중반이라면 이런 생각 누구나 하고 산다.

생각은 꼬리를 문다. 당시 아들은 미국에서 대학을 다니고 있었다. 내가 갑자기 쓰러지기라도 하면 그길로 한국에 돌아와야 한다. 그뿐만이 아니다. 자신의 생활도 혼자 책임져야 한다. 돈도 벌어야 하고, 공부도 해야 하고, 취직도 해야 하고, 결혼도 스스로 돈을 모아서 치러야 한다.

"지금과 완전히 반대 상황이 되었을 때 너는 무엇을 어떻게 할 작정이지?"

아들은 답을 하지 못한다. 사실 아들 녀석은 지금까지 혼자 무엇을 특별하게 해본 적이 없다. 물론 혼자 집에서 멀리 떨어져 사는 건 자기 나름의 큰 시련과 도전이다. 그러나 사회의 시선으로 보면 그저 튼튼하게 지어진 온실 안에서 자란 화초일 뿐이다. 밖으로 나가면 상처투성이가 될 것이 뻔하다. 그래도 속이 깊은 놈이니 생각은 많이 해보았으리라 생각한다. 언젠가는 반성하고 깨닫고 받아들여서 실행에 옮기는 시기와 때가 있으리라 하고 인내하고 있다. 나도 역시 사업을 할 때 여러 번 상처를 입고, 극복하면서 단계별로 성장했기 때문이다. 그러나 너무 늦으면 사회생활에 차질이 생기니, 지금쯤 강해지길 바라고 있다. 주어진 조건이나 환경은 머물러 있는 것 같지만 계속 변하고 있다. 언제 어떤 일이 벌어질지 아무도 모른다.

"너는 부모가 만들어준 상황 안에 있다는 사실을 깨달아야 해."

부모라는 안전벨트를 차고, 넉넉한 가정이라는 차를 몰면서 세상을 돌아다니다 보니 그 자동차가 완전히 사라지는 상황은 생각조차 해본 적이 없다. 비단 내 아들만의 문제는 아니다. 요즘 젊은 친구들은 불에 데워지기 시작한 냄비 속 개구리 같다. 냄비가 점점 뜨거워진다는 사실을 잊은 채 따뜻한 물속에 익숙해져서 냄비 밖으로 나올 생각을 하지 않는다. 살아 있는 물고기는 물의 흐름에 거슬러 위로 올라가지만 죽은 물고기는 물길 따라 아래로 흘러간다. 끊임없이 반성하고 계획하고 도전하는 것이 인생이다.

돈은 언제나 동전의 양면처럼 좋은 것과 그렇지 않은 것을 동시에 나누어준다. 돈이 있으면 편하게 살 수 있지만, 편하게 살다 보면 정신적으로 약해지는 것 역시 사람이다.

자식에게 물려줘야 할 것은 물질이 아니라 사랑이다. 옛말에 선대가 베푼 덕은 후대가 물려받는다고 한다. 나는 그 말을 믿는 편이다. 우리 할머니는 가족을 깊은 사랑으로 키운 것은 물론이고, 이웃에도 많은 인심을 베푸셨다. 그중에서도 나는 할머니의 특별한 사랑을 받으면서 자랐다.

아버지도 그랬다. 시골에서 농사를 지으셨지만, 엄청나게 부지런

하고 매사에 철두철미하게 일을 처리해 주변으로부터 신뢰를 얻었을 뿐 아니라, 많이 베푸셨다. 어머니는 말없이 묵묵한 성격이셨지만 이해심이 많으셨다.

나는 가끔 지인들에게 말한다. 할머니와 아버지, 어머니가 쌓은 덕이 나를 사업에서 성공하게 만들었고, 가족들과 행복하게 지낼 수 있게 해주었다고 말이다.

개인적으로 **경제적으로 여유롭고 게으른 것보다 경제적으로 힘들더라도 정신 무장이 잘되어 있는 삶이 훨씬 낫다**고 생각한다. 엄청난 재산을 부모로부터 물려받은 자식들이 제대로 관리를 못해서 불과 몇 년 만에 빈털터리가 된 예는 수도 없이 많다. 정신력이 약한 사람들은 어려움이 왔을 때 극복할 힘이 없다. 그냥 포기하고 만다. 반대로 힘들게 살았지만 자기 힘으로 하나씩 성과를 이룬 사람들은 어려움을 '좋은 경험'으로 받아들이고 극복해내는 저력을 갖추게 된다. 이런 삶이 아름답다.

나는 아들에게 계속 강해지라고 주문한다. 야생화는 비바람을 참고 견딘 후에야 아름다운 꽃을 피운다. 그리고 그 꽃은 야생 속에서 아름답다. 아름답다고 집 안의 꽃병에 꽂아두면 이내 시들어 죽는다. 야생화는 야생 속에서 건강하고 아름답다. 아들에게 묻는다.

"너는 야생화처럼 아름답고 강한 사람이 되고 싶지 않으냐?"

일부러 힘들게 살라는 것은 아니다. 젊었을 때 기본기를 잘 갖추고 있어야 한다는 이야기를 하고 싶을 뿐이다. 부모가 차려준 밥상

위에서 편안하게 지내는 것에 너무 빠지지 말고, 자신의 인생을 하나씩 만들어가라는 이야기이다.

어느새 산 정상에 다 올라왔다. 평소라면 이불 속에 있을 시간이다.

"아! 상쾌하다. 집에 있는 것보다 훨씬 좋아요."

아들이 이야기한다. 지금은 내 말이 불편하고 어렵겠지만, 나중에 내 나이가 되었을 때 '우리 아빠는 훌륭했습니다. 감사합니다' 이렇게 생각할 거라 믿는다.

자기효능감, 간절함, 가치…… 내 인생의 키워드

사람들은 삶을 수시로 되돌아봅니다. 그 과정에서 후회하고 반성하며 많은 것을 깨닫습니다. 그 깨달음 중에는 이내 사라지는 것도 있지만, 평생 가슴에 남는 것도 있습니다. 저는 평생 가지고 가는 깨달음을 '끈'이라고 표현합니다. 자신이 원하는 삶을 살기 위해서는 그 끈을 절대 놓아서는 안 됩니다.

앞에서도 밝혔듯이 제 군생활은 엉망이었습니다. 훈련이 있으면 이런저런 핑계를 대서 대열에서 이탈했습니다. 참 안 좋은 행동인데, 그 순간에는 작은 쾌감을 얻었습니다. 그러나 시간이 지날수록 마음이 무거워졌습니다. '이렇게 군생활을 마무리할 수는 없다'는 생각이 들었습니다. 그러던 어느 날, 그동안 삶을 뒤돌아보면서 크게 반성을 했습니다. 앞으로는 이렇게 살지 않겠다고 다짐했습니다.

어떻게 살아야 하는가?

'어떻게 해야 하는가?'

변화는 이 작은 질문에서 시작되었습니다. 그리고 스스로 답을 찾았습니다. 대답은 바로 이것이었습니다.

'어떤 일을 하든지 모든 일에 열과 성을 다하자!'

그 다짐 이후, 모든 것이 변했습니다. 한순간에 얼굴색이 변했고, 열정이 솟았습니다. 군 복무 중이었으니 주위 환경은 하나도 변하지 없었습니다. 단지 마음의 전환이 있었을 뿐인데, 세상이 모두 아름답게만 보였습니다.

당시에는 부대 내에서 선임들의 구타가 많았습니다. 당연히 구타에 불만이 많았습니다. 그런데 마음을 고쳐먹은 이후에는 '구타도 인내할 줄 알아야 사회에 나가서 무엇이든 잘할 수 있다. 이는 선임이

후임들에게 규율을 가르치는 일이다'라고 생각하게 되었습니다. 아무리 힘든 훈련도 선두에 서서 열심히 뛰었습니다. 정말 사람이 180도 바뀌었습니다.

자기효능, 그 위력을 경험하다

제대가 7개월 정도 남았을 때였습니다. 부대 내무반에 붙어 있는 '일인일기'라는 글자가 눈에 들어왔습니다. 평소에는 눈길조차 가지 않았던 글귀가 제대 무렵이 되니 눈에 들어왔습니다. 그걸 보고 '나도 한 가지 기술을 가져야겠다'고 마음먹었습니다.

제가 지원한 시험은 '위험물 자격증' 취득 시험이었습니다. 1차 시험 준비를 위해 인근의 화학부대에 가서 월요일부터 금요일까지 집중적으로 공부했습니다. 각 부대에서 모인 40여 명 장병들이 아침부터 저녁까지 계속 시험을 준비했습니다.

당시 교육 환경은 열악했습니다. 강의실도 없고 강사도 없었습니다. PX(매점)에서 자습을 하는 식으로 공부했습니다. 환경은 힘들었지만, 병사들의 열기는 뜨거웠습니다. 우리는 자체적으로 매일매일 시험을 보았습니다.

그런데 모의시험에서 제가 계속 1등을 했고, 1차 시험에서도 40명 중 저 혼자 합격했으며, 2차 서술형 시험 역시 저 혼자 합격했습니다. 제 평생 공부로 1등 하기는 처음이었습니다. 자격증을 받는 날 날아갈듯이 기분이 좋았습니다. 평생 그런 환희는 처음이었습니다. 무엇이든 잘할 수 있을 거라는 용기가 생겼습니다.

한 번의 성공, 한 번의 긍정이 무한한 영향을 줍니다. 한 번의 좋은 경험과 좋은 영향의 결과를 계속 유지하려는 마음, 이것을 심리학 용어로 '자기효능감'이라고 합니다.

저는 그 끈을 놓지 않으려고 안간힘을 썼고, 그 노력이 지금의 저를 만들었습니다. 다시는 과거의 용기 없고 자신 없는 모습으로 돌아가지 않으려고 철저하게 자신을 관리했습니다. 저에게 성공의 이유를 물어본다면, 당당하게 '자기효능감'이라 이야기합니다.

간절하면
이루어진다!

'간절하면 이루어진다!'

제가 평생 가슴에 두고 있는 또 하나의 문장입니다.

저는 인력 아웃소싱 전문 기업을 경영하고 있습니다. 일반적으로 말하는 용역의 범위에 들어가는 빌딩 관리도 하고 있지만, 항만 항공 시설물 관리나 정비, 보안이 절대적으로 필요한 시설물의 특수 경비, 생산 제조, 보세창고, 화물 운송, 차량 임대 등 주로 전문 인력으로 업무를 도급 맡아서 서비스를 공급해주는 일을 하고 있습니다. 각 분야에서 전문성을 가지고 일하는 덕분인지 사업 의뢰는 끊이지 않는 편입니다.

그런데 사업 의뢰가 끊이지 않는 이유가 비단 남들이 하기 힘든 분야에서 전문성을 갖고 있기 때문만은 아닌 것 같습니다. 저는 무슨 일이든 일을 의뢰받으면 기대보다 훨씬 좋은 결과를 내기 위해 참 많이 노력합니다. 조그만 문제도 혼신을 다해 해결하고, 고객이 만족할 때까지 일을 반복합니다.

단순히 돈을 벌기 위해서 그러는 것은 아닙니다. 돈만 생각했다면 효율을 생각해야 하기 때문에 그렇게 열심히 하지 않아도 될지 모릅니다. 그저 '간절히 일해야 한다'는 마음이 만든 결과물이라고 생각합니다.

저의 인생은 그랬던 것 같습니다. 젊었을 때는 닥치는 대로 일을 했습니다. 하지만 통찰력이 부족해서인지 밑 빠진 독에 물 붓기처럼 일을 아무리 열심히 해도 결승점이 보이질 않았습니다. 죽어라 일을 했지만 암울하기만 했습니다.

사람은 누구나 실력이나 역량이 부족한 시기가 있습니다. 그 시기를 잘 지나야 큰일을 할 수 있습니다. 당연히 제게도 그런 시기가 있었습니다. 마치 키가 작은 사람이 키 큰 사람들 때문에 가려져 있는 영화 스크린을 보려고 까치발로 폴짝폴짝 뛰듯, 그렇게 살아온 것 같습니다. 저에게는 간절함이 있었습니다.

실력이 부족한 사람은 거친 파도에 부딪히면 버티지 못하고 물길 저 아래까지 떠내려갑니다. 그 충격이 너무 커서 대부분 그 자리에서 체념하게 됩니다. 그런 상황에서 저는 포기하지 않았습니다. 살기 위해서, 어떻게든 뭍으로 올라오려고 발버둥 쳤습니다.

일에 대한 집념이 있으면 체념할 수 없습니다. 버티면 역전의 기회가 옵니다. 절대 포기해서는 안 됩니다. 이런 간절함이 절 이만큼 키워주었다고 생각합니다.

'끈기'가 성과를 만들어준다

일을 마무리하는 데 중요한 것은 끈기인 것 같습니다.

사업을 수주받는 일은 참 어렵습니다. 지금도 힘든데 규모가 작았던 시절에는 더욱 힘들었겠지요. 입찰에 들어가면 늘 우리보다 덩치가 큰 회사들이 참여합니다. 주변에서 한숨을 내쉽니다. 우리가 당해낼 상대가 아니라는 의미입니다. 그 순간을 극복해야 합니다. 어려움은 피하면 피할수록 더 커지는 법입니다.

위기가 닥쳤을 때, 사람들은 '이제 틀렸어' 이런 말을 많이 합니다. 그 말을 하는 순간 포기하는 삶이 됩니다. 주변 분위기가 그렇다고 해도 딛고 일어설 줄 알아야 합니다. 어떤 일이라도 최악의 상상 속 시나리오에 대비해서 절박하고 간절한 마음으로 끈기 있게 맞선다면, 극복하지 못할 난관은 없습니다. 끝까지 포기하지 않고 최선을 다하면 붙잡을 수 있는 나뭇가지가 보입니다. 그걸 붙잡으면 됩니다.

올림픽 농구 경기에서 몇 초 남아 있지 않은 상황에서 포기하기 않고 혼신의 힘으로 역전시키는 상황, 프로 씨름선수가 상대의 기술에 넘어가면서도 끝까지 포기하지 않고 역전시키는 정신, 이런 마음과 자세가 삶에서도 필요합니다. 성과를 만들어주는 것은 끈기입니다.

결국
'가치'의 문제

기업이 하나의 모습으로 머물러 있는 게 아니라 계속 변화하고 발전하는 것처럼 개인의 삶도 그렇습니다. 제 인생에는 네 번의 큰 변화가 있었습니다. 이를 '마음가짐', '인간관계', '노력', '가치 있는 삶' 이렇게 네 가지로 함축해 설명할 수 있습니다.

첫 번째 변화는 군 복무 시절에 찾아왔습니다. 꿈도 목표도 없이 부정과 불만으로 살아온 과거를 반성하고, '할 수 없다'에서 '할 수 있다'로 **마음가짐**이 긍정적으로 변하면서 인생 자체가 바뀌었습니다. 모든 것은 마음에서 온다는 것을 알았습니다.

두 번째 변화는, 사업을 시작하면서 찾아왔습니다. 이 세상 모든 일에는 바로 앞에 보이는 이익보다 보이지 않는 이익이 더 크다는 것을 깨달았습니다. 돈이나 사업보다는 사람이 중요하다는 사실을 알게 되었습니다. 이 시기에 **인간관계**의 중요성을 깨달았습니다.

세 번째 변화는, 사업을 성장시키면서 경험했습니다. 바로 **노력**입니다. 저는 늘 스스로 부족함을 느끼면서 살았습니다. 그 부족함을 채울 수 있는 방법은 끊임없는 노력뿐이라는 사실도 알게 되었습니다.

네 번째 변화는, 최근에 찾아왔습니다. 지난 30년 동안 부족함을 채우기 위해서 끊임없는 노력을 하였으나 주변 여건들이 저의 열정을 식게 만들었고, 몸도 마음도 지치게 했습니다. 몇 년 동안 슬럼프를 겪었습니다. 혼자서 고민도 많이 했습니다. 그러나 모든 문제는 저에게 있다는 사실을 알게 되었습니다. 그래서 시선을 세상으로 돌렸습니다. 사회에 많은 것을 나누어야겠다는 마음을 하고부터 다시 열정이 살아났습니다.

이제 제 고민은 **가치 있는 삶**에 있습니다. 무슨 일을 하건 눈에 보이는 성과 외에, 눈에 보이지 않는 가치를 보려고 합니다. 이런 노력이 개인에게, 기업에게, 더 나아가서 우리 사회에 좋은 영향을 줄 수 있다고 생각합니다.

세상은 아름답습니다. 노력하고 희생한 만큼 보상이 돌아옵니다. 그래서 아름답습니다. 지금 힘들어도 노력하고 또 노력하면 언젠가 멋진 선물을 받을 수 있습니다. 제가 그 모든 걸 경험했습니다. 힘들지만 괜찮습니다. 감사합니다.

고마운 사람에게

부부관계는 수십 년 전혀 다른 환경에서 살아온 남녀가 경계를 넘어 하나가 되는 과정이라고 생각합니다. 그 과정에는 엄청난 시행착오가 있습니다. 그 시행착오를 극복하지 못하면 경계선만 더 강하게 그어지기도 합니다. 저 역시 지나온 세월 동안 많은 시행착오를 겪었습니다.

결혼 이후 아내의 생각과 제 생각이 맞지 않아 갈등도 많았습니다. 당시에는 힘들었지만, 열심히 살다 보니 이제는 아름다움으로만 남는 것 같습니다. 아침에 부부 싸움을 하고 나가도 저녁에 들어와 보면 정성스럽게 차린 밥상이 기다리고 있었습니다. 그때 느낀 미안함과 고마움이 제 열정을 더 키웠습니다. 아내가 이야기합니다.

"결혼 이후 저 자신을 위해 기도한 적은 한 번도 없었어요. 하지만 당신을 위해서는 다리를 움직이지 못할 정도로 기도했어요."

아내에게 고맙습니다. 저를 바보라고 말할 사람도 많겠지요. 집안 제사가 있으면 제일 크고 좋은 과일, 신선한 생선으로 조상님을 모시던 그 정성이 고맙습니다. 다른 형제들이 언급하기 전에 어머니 생신을 챙기던 마음이 고맙습니다. 형님 생신, 형제들 이사, 조카들 학교 입학까지 어느 하나도 빠지지 않고 챙기던 모습이 고맙습니다. 오랜 노동으로 불편해진 어머니 다리 수술을 혼자서 추진했는데, 혹시 잘못될까봐 가슴 졸이며 혼자서 고민했던 일도 눈물 나도록 고맙습니다. 좋은 옷 있으면 어머님 사드리고 싶어 하고, 맛있는 음식 있으면 어머니 생각난다는 말을 아끼지 않는 모습도 아름답습니다. 지나온 세월을 뒤돌아보니 제 뒤에는 늘 그림자처럼 아내가 있었습니다.

앞으로는 주변을 생각하며 살려고 합니다. 가족, 회사의 직원, 이 세상 모든 사람들을 생각하며 살려고 합니다. 저보다는 다른 사람을 위해 살겠습니다. 이런 마음은 전부 아내 덕분에 생겼습니다. 참 고맙습니다.

KI신서 5790

마이너스를 통해 플러스를 얻다
손해의 경제학

1판 1쇄 인쇄 2014년 11월 28일
1판 1쇄 발행 2014년 12월 3일

지은이 서정락
펴낸이 김영곤 **펴낸곳** (주)북이십일 21세기북스
부사장 임병주 **출판사업본부장** 주명석
국내기획팀 최지연 남연정 이경희
디자인 김수아
영업본부장 안형태 **영업** 권장규 정병철
마케팅본부장 이희정 **마케팅** 민안기 강서영 이영인
출판등록 2000년 5월 6일 제10-1965호
주소 (413-120) 경기도 파주시 회동길 201(문발동)
대표전화 031-955-2100 **팩스** 031-955-2151 **이메일** book21@book21.co.kr
홈페이지 book21.com **트위터** @21cbook **블로그** b.book21.com

ISBN 978-89-509-5679-0 03320
책값은 뒤표지에 있습니다.